生活因阅读而精彩

生活因阅读而精彩

驾驭

CONTROL TECHNIQUE

沃顿商学院最受欢迎的领导课

「美」约翰逊/著　柏从新/译

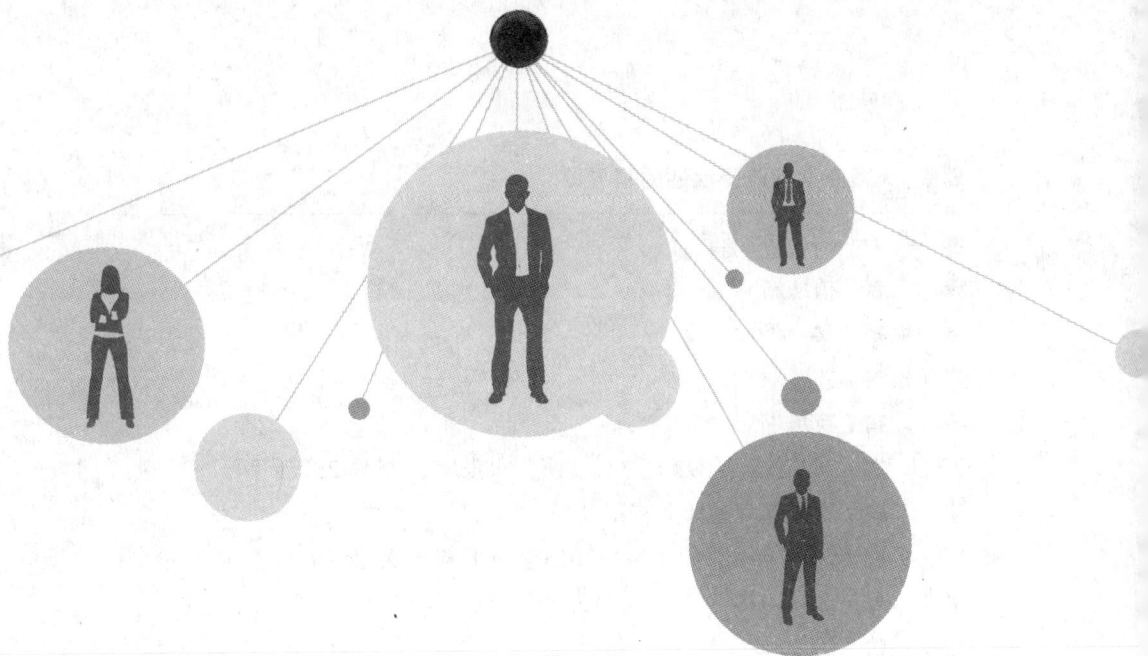

中国华侨出版社

图书在版编目(CIP)数据

驾驭:沃顿商学院最受欢迎的领导课 / (美) 约翰逊著;
柏从新译.—北京:中国华侨出版社,2013.7

ISBN 978-7-5113-3783-2

Ⅰ.①驾… Ⅱ.①约… ②柏… Ⅲ.①企业领导学
Ⅳ.①F272.91

中国版本图书馆 CIP 数据核字(2013)第149232 号

驾驭:沃顿商学院最受欢迎的领导课

著　　者 / 约翰逊(美)
译　　者 / 柏从新
责任编辑 / 棠　静
责任校对 / 孙　丽
经　　销 / 新华书店
开　　本 / 787 毫米×1092 毫米　1/16　印张/17　字数/231 千字
印　　刷 / 固安保利达印务有限公司
版　　次 / 2013 年 9 月第 1 版　2013 年 9 月第 1 次印刷
书　　号 / ISBN 978-7-5113-3783-2
定　　价 / 29.80 元

中国华侨出版社　北京市朝阳区静安里 26 号通成达大厦 3 层　邮编:100028
法律顾问:陈鹰律师事务所
编辑部:(010)64443056　　64443979
发行部:(010)64443051　传真:(010)64439708
网址:www.oveaschin.com
E-mail:oveaschin@sina.com

薪水低于 13 万美金不准进来招聘的商学院

美国宾夕法尼亚大学沃顿商学院 (The Wharton School) 创立于 1881 年，是美国第一所商学院，也是世界上历史最悠久、学术声誉首屈一指的商学院。沃顿在美国商学院各种排名中一直名列前茅，据称，这是全球唯一一所薪水低于 13 万美金就不准进来招聘的商学院。

沃顿一直以来都被认为是全美最具有开拓精神和创新意识的国际化商学院。沃顿学院的不凡源于创始人沃顿先生高瞻远瞩的创新理念及大胆超越的开拓精神。早在 1881 年学院创立伊始，他便坚信未来的商业领导者需要全面而富有生机的教育，一个企业或机构的领导者首先应该具有超凡的素质，而且这些素质还需要后天的不断学习和深造，只有这样，领导才能真正驾驭整个企业，带领企业良性发展。他这一超前的商业管理以及工商教育理念造就了沃顿学院许许多多的"第一"：第一所专业管理学院；第一个完整设立供企业家学习 MBA 课程的学院；第一所管理和外语双专业学院，等等。

而这些创新已经被世界上无数个商科院校所模仿，成为了世界顶尖商学院培养人才的模式。毫无疑问，沃顿商学院从创立之初就一直致力于成为培育全球商业领导人的领跑者。

那么，沃顿到底如何培养一名领导人的优秀的素质的呢？我们可以从沃顿商学院的领导课上窥见一二。沃顿商学院的领导课注重培养领导者在驾驭自我、驾驭他人方面的能力。不管一个领导者的魅力如何，他必须在自我与他人之间达成某种平衡，只有驾驭好了自己才有能力去驾驭他人。沃顿商学院的教授们曾经做过一系列的研究，最后得出结论，认为一名领导者应该具备以下几个方面的素质：

* 广泛的人际关系；

* 良好的信誉和工作业绩；

* 对行业知识和企业的知识有全面了解；

* 基本的技能，包括社会技能、概念技能和专业技能；

* 积极的行为准则和公正客观的评价态度；

* 强烈的进取精神。

这些素质，正是贯穿在整个沃顿商学院的领导课中的。领导者一方面要提升自我的素质，以约束他人。另一方面，领导者还要有创建领导系统的意识，要有培养接班人的意识，更要有在任何一级领导位置都能施展才能的素质。

透过沃顿商学院的领导课，我们可以发现不少有用的启示，我们可以发现要想真正成为一名优秀的领导者需要做些什么。自然也就理解了为什么沃顿商学院胆敢声称薪水低于 13 万美金就不准进来招聘。这种气魄和豪气，是与沃顿商学院的高定位分不开的。

我们可以随着本书走进沃顿商学院的课堂，一起提升领导能力和水平，学习一些黄金法则，最终为自己能够胜任领导岗位积累修养。

目录

第一部分

驾驭自己——领导 3H

　　领导，在管理下属的同时，更重要的是要以身作则。因为领导是下属的榜样，如果领导自己都不能驾驭自己的行为和习惯，那何谈驾驭下属和员工呢？究竟如何驾驭自己，可谓见仁见智，但是沃顿商学院坚持的最重要的三点：高定位、高情商、高效率。下面，就让沃顿商学院的教授告诉你，你该如何实现领导 3H，完美驾驭自己。

第一课　高定位（High positioning）

——领导者永远要立意于顶端

大部分人都能清楚一个领导者到底该做些什么，也清楚领导人的日常工作内容和计划安排，但并不能因此证明每个人都能做领导。

领导人在任何时候都是金字塔的顶端，要成为一名优秀的领导人，首先要做到对大局发展有清醒的认识。其次，这位领导人要善于自我管理，以身作则，成为员工学习的榜样。最后，他必须是一个对公司发展有高定位的人，不能模糊。

◆ 高定位驾驭自我案例

杰伊是一位刚刚到任的领导，他亲身经历了由普通职工到管理者的演变。当他得到管理者职位的时候，根本不懂得如何去做管理，于是他就向沃顿商学院一位教授咨询：在他成为一名管理者后，与过去的差别到底在哪里？应该注意什么事项，要是照搬过去的习惯，能否行事顺利呢？

教授认真听取了杰伊的问题，先是为他讲了一个小故事：

大家平时都烧水喝，为什么日常生活中烧水，无论锅里的水有多沸腾也不会漫过锅盖呢？原因很简单，锅盖的位置比水位要高得多，它处在一个更优越的位置上。同理，领导人就像锅盖一样，处在高于普通员工的位置，接触的信息更为广泛，当然定位就高于普通员工。所以，一个领导人的办事能力和看待问题的高度决定了一个领导人的定位。他的办事能力和看待问题的方式定位越高，可供发挥的潜力越高；如果他办事能力和看待问题的方式定位越低，发挥的潜力就容易受到限制。打个比方，假如你的领导能力是5分，那么你的办事能力不会超过4分；如果你的领导能力只有4分，办事能力差不多只能达到3分。

教授给杰伊讲完故事后，给了他一些建议，但是最重要的还是告诫他一定要有高的定位，既然是领导者，就必须有高出一般员工的视野和雄心。

杰伊听从了教授的建议，开始着手为自己制定比以前更高的目标，并很快就在新的岗位上做出了卓越的成就。

◇ 分析

从这个事例可以看出，一个人的领导能力和管理自身的能力，会影响自身办事力度和公司发展。因此，一个领导人首先要给自己一个高定位，只有定位上去了，领导水平才会得到增强，企业的定位和完成目标就能更加理想。

特别是作为一名刚刚到任的领导新人而言，昨天还只是一个普通的技术人员，或是精通某方面的专业人士，在自己熟悉的领域中，明白大部分问题的答案，遇到问题也知道该怎么去解决。今天角色发生变化，成为一个领导人，是希望你指定目标、管理任务的人都在身边的时候。

前面提到的杰伊，就是全公司最有才华的技术骨干，何况他的前任领导由于不懂得调节个人和公司的关系，在指定任务和安排任务时，经常得不到理想的效果。因此，他的上任会让大家有所期待。从这些地方可以看出，一个领导人的自控管理是相当重要的，它对身边的人和公司的发展都会产生影响。

◆ 高定位驾驭时间及任务

对自控和管理他人作比较，两者拥有很多不同的地方。为什么这样说呢？因为每个人都是世界上独一无二的个体，不会有百分之百相同的另外一个人存在。

说到底，难道每个人都适合的通用原则就不存在了吗？

答案是否定的，值得庆幸的是，这样的通用原则还是存在的。下面将会陆续对这些原则进行说明。

◇ 定位自己的时间管理

1. 严格遵守自己的指定期限

每个领导新人通常会陷入一个误区：每天都随着时间的推移不断延长自己的工作时间。这种状况会出现的原因在于，尽管自己是个领导，可还是会像刚步入社会的职场新人一样，把学习新知识的态度当成真理，自然而然每天都在不断延长工作时间。可是这样度过了一段时间后，发觉自己虽然每天工作时间都在不断延长，取得的成效却少得可怜，往往是工作时间与完成情况成反比。既然如此，还不如减少自己的工作时间，同时提高工作效率来得好。可能在有些时候，你不免会这样想：自己虽然是个领导，但是刚刚上任，别人应该会希望自己能工作到很晚来做表率吧？假如是这样，你一定要多加小心，防止自己陷入这个误区。

2. 对自己的日常工作做到安排有先后顺序

比如对大多数人而言，每天早上第一件事就是处理电子邮件。他们认为这绝对是利用时间最合理的方式，只要将这些麻烦事处理完，就能专心去做别的事情。如果你也这样想，事实上会大错特错。

根据研究结果表明，发挥自己创造力最佳时间在早晨的有世界上 2/3 的人。假如你也是这些人中的一员，就不要把创造力产生的时间花在处理电子邮件这种烦琐事情上。

长期看来，这样的做法只能拉低你的效率。当你终于在每天早上处理完全部电子邮件时，你的创造力也跟着消失不见。这就是说，一天中剩下的时间并不适合解决问题或制定决策。到底什么时候工作效率最低呢？其实是在每天午饭之后，这个时间最适合处理邮件。

◇ **妥善处理压力**

在压力面前，每个人的反应可能各不相同。在承受压力时可能自身不会有所意识，这是个遗憾。等到大家真正发现这个问题存在的时候，时间恐怕就来不及了。当巨大的压力袭来，人们可能会生病，严重时还会影响到工作能力的发挥。

下面 4 个条件是判定一个人是否承受压力的重要指标：

1. 想法。

2. 动作行为。

3. 身体状况。

4. 情绪。

可以看看你的想法是不是开始变得消极。比如："我感觉有些力不从心。"

或是常常想起近期遇到的挫折，因此耿耿于怀、心灰意冷，并对自己做得好的地方视而不见。

你的行为是不是跟平时大相径庭，比如总是逃避该做的事情或前后矛盾？

你的身体是不是发生了变化，比如心跳加快、呼吸加速或者总是出汗？值得注意的是，诸如长暗疮、头皮屑增加也一样说明你在承受压力之中。

你最近的情绪是不是变化多端，比如经常感到恐慌、愤怒、急躁呢？

某些时候，人们可能不会轻易意识到自己的症状。在以上情况出现时，向他人求助是相对明智的选择。你可以选择一个非常了解自己的人，让对方每隔两个星期给你反馈情况，让他们观察，你在新的工作岗位上适应得是否如鱼得水。

假如你已经开始显现压力过大的迹象，那么你应该迅速采取应对措施，尝试着在下面 3 种活动之间找到平衡点，这 3 种活动包括：

1. 脑力劳动：读外语背单词、读诗歌、玩数独……

2. 体力劳动：打羽毛球、打网球、打排球、游泳、跑步……

3. 情绪活动：听音乐、和朋友交谈……

◇ **妥善分配任务**

任务分配不妥当是新手领导最常犯的一个错误，对于领导者而言，如果想成功分配任务，要注意以下两个重点：

1. 先确定分配任务的对象；

2. 再挑选合适的任务分配给特定对象。

第一个重点，分配任务的关键是培养团队人员"积极行动"的精神，这样的话能够帮助他们最大限度提升自己的知识水平并改善专业技能。

实现这个目标该怎么做呢？假如你的下属就某个问题跟你求助，你应当鼓励他们不要只是问问题，还要说出自己认为合适的解决意见。假如他们实在想不出任何解决办法的话，至少要让他们制订出一个行动方案，由这个行动方案带领他们找到解决的方法。

第二个重点，在纸上把自己将要分配的任务——写明，然后再决定这个任务的具体执行人。在确定合适的人选时需要考虑到：哪些成员已经做好了准备？哪些成员需要进一步的锻炼？

◇ **反复妥善沟通**

要做到这条需注意，你必须做到以下两点：

1. 定期和自己的团队成员见面。

2. 定期和自己的上级领导见面。

这也就是说，你需要定期和你的某个伙伴、朋友或管理另一领域的同事一起见见面，让他们告诉你，你在沟通方面做得究竟怎么样，毕竟是当局者迷，旁观者清。

从基本层面上讲，你要想做到这一点，那就需要你在收到邮件的时候，当天答复。如果你不能立刻解决邮件中的问题，作为礼貌，你也要在当天给对方做出回复，告知对方邮件已经收到了。

现行的企业体系中，评判领导的一个重要标准，就是看他们沟通的能力和意愿如何。所以，不管这样做是正确的还是错误的，人们往往都会用一条标准来衡量你的表现，那就是看看你对待电子邮件的态度是怎样的。并且，有些时候，别人可能只在乎回复的行为本身，根本不去管邮件回复的是什么样的内容。

◇ **定期表扬成员，肯定他们的表现**

就算只说一句简单的"谢谢"也会起到令人惊奇的效果。平时要注意发现下属的出色表现，并做出表扬。如果对方不怕尴尬，可以在公开场合表扬。庆幸的是，你有很多激励工具可以使用。但在实际上，操作最简单、成本最低、收益最理想的只有肯定和表扬这两种方式。

而且，表扬别人也会给自己带来好处——这样做会让你得到更好的感觉体验。因此不要犹豫，从现在就尝试改变吧。

◇ **集中精力，专注要点**

具体的操作方法是：先和自己的上司领导沟通，让他们举例说明你自己在工作岗位上排在优先处理名单的 3 件重要的事情。再保证你自己会专注在这些重要的事情之上并坚持不懈。

1. 你的上司领导希望你在工作岗位上最先专注哪 3 件事？或者，你和他对考核问题的看法进行一次正式的谈话。

2. 让你的上司领导按照事件重要程度为你的每项工作给出一个百分比。这些工作内容应当以 10 为参数。假如你喜欢，基数大于 10 也可以。在讨论这些工作内容的时候，你应当询问你的上司："这项工作如此重要的原因是什么？"对方给你的答案里就包含着如何处理好和领导关系的重要信息。这些信息可能就是没有体现在书面文件中，而反映了他们潜意识的领导期望值。

◇ **确保自己在生物节律中找到平衡点**

尽管每个人的生物节律都是独特的，但人们都需要对这 3 种活动开展管理，这点是非常明显的。直到目前，本书就自身管理这个话题讲了许多内容，而这一点可能是最重要的。

优秀杰出的运动员就是善于管理自身的典型，因为他们在运动场的直接表现能让人们有所感悟。根据笔者个人对运动心理学的研究发现，那些成功的运动员在平衡脑力劳动、体力劳动和情绪活动方面值得称道。根据经验，那些高效领导在生物节律方面也表现得相当出彩，对新人领导而言也应当如此。

那么新人领导到底该如何做到节律控制呢？

跟着前面提到的 6 条自我管理措施也是一个很好的开始——如果你有回顾这些措施的话，你会发现它们实际上涵盖了很多脑力劳动、体力劳动及情绪活动。除此之外，你还要考虑到以下几个重点：

1. 脑力劳动：把定期从事脑力劳动放在首位。比方读一本好书，观赏一场电影，学习一门外语，或者展开某些创造性的爱好，比如绘画之类。一定要注意的是：千万不可以心血来潮，坚持不懈才是最重要的。

2. 体力劳动：确保自己制订一个运动计划，并且实施这个运动计划，才能保证自己的健康。这个运动计划不是要让自己累到虚脱，应当具备一定的难度。并且，还要注意自己的饮食。笔者还要再强调一次，专注力很重要，耐心与坚持更重要，千万不可半途而废。

3. 情绪活动：和自己生命中重要的人定期互动——为他们空出时间来。经常听到管理者对亲人、爱人说："这星期没时间，等这个项目结束一个阶段后，就会补偿你。"说这话的人，其实过后根本不会补偿对方。根据笔者的亲身经验，现在都能清楚地记得，这么多年自己所错过的家庭活动，可实际上因为什么重要的工作问题或项目而错过了这些活动，笔者早就记不清了。请问你现在是不是已经错过这些家庭活动了？

在做好节律控制行为时，一定要注意和工作环境之外的人发展新关系。尽管在工作中遇到兴趣相投的朋友是人生的乐事一桩，但能有机会和工作之外的朋友相处也是幸福感满分的一件好事。

◇ 寻找工作导师

所谓的工作导师，是指你身边一个在人员管理方面优秀杰出的领导。

一些最杰出的领导都曾经透露过同样的事实：他们都有一个可以完全坦诚以对的人，在遭遇困难的时候，这个人会毫不犹豫地全力以助。

最好的是，和你的工作导师定期碰面，把面临的挑战、问题和能够通过哪些手段学习及实现自身发展的事项都和他沟通交换意见。不要期待导师能告诉你所有问题的解决办法，但是你可以从他那里寻找共通点。

◆ 高定位驾驭自我形象

有个叫简森的小伙子，看起来聪明开朗、英俊挺拔。和他初次见面的时候，你的困扰在于——他握手的表现感觉并不合适。实际上，和简森握手的时候，就和你抓了条滑溜溜的鱼在手里一样，给人一种软塌无力的感觉。当时简森有个领导叫哈莱迪，这是一个观察细致、富有见地的人，他明白给对方留下良好的第一印象对行业来说非常重要。所以在简森刚调到他所在的公司没几天，哈莱迪就把他叫去私下谈话。

根据别人的整理，这次谈话的大概内容如下：

简森，你是一个有前途的年轻人，懂得表现自己，这些大家都看在眼里。

但是，你需要作出一些改进会更加优秀，比如握手这件事。大部分人在第一次见面的时候，就在心里给对方打了分数。他们打分的依据之一就是握手。希望你以后和别人握手时表现得坚定可靠。有个建议希望你能考虑一下，从现在起，每天早晨都来这个办公室打招呼，然后握个手。大家一起坚持下去，一直到别人都对你的看法大有改观为止。

多年之后，从前的同事在街上遇到简森。由于大家曾经共事过，他们握手招呼对方，结果这位同事觉得简森差点把自己的胳膊卸下来。很明显的是，简森这些年都没有放松过自己需要练习握手的要求，或者哈莱迪忘记提醒他做到什么程度就好。虽然这位同事也不清楚实际原因，但是简森的改变是非常明显的。

经过一番谈话，这位同事了解到简森已经提升到部门经理的职位。谁能将简森今天所取得的成就和他给别人的第一印象联系到一起呢？显而易见的是，谁也无法确定这两件事之间有什么必然联系。假如他的握手还是不够坚定可靠，还能得到现在所取得的成就吗？这种事谁也说不准。实际上，需要注意的是，一个人的形象确实在某种程度上会左右别人对你的看法，至少从短时间来看是这样，长久来看更是如此。

过去几年里，对第一印象的重要性有学者进行许多研究，得到以下结果：

1. 从一个人的外表情况，比如身体语言、行为举止、风度表现和穿着打扮来评价，全过程不会超过 3 秒钟。实际上，人们在日常生活中，就是用这种匆忙的方式决定了别人的评价。

2. 只要这些第一印象形成，就会固定人们内心的看法，要想改变或者扭转看法非常困难。

3. 假如有人对你下了定论，他就会身不由己地从你身上寻找一些线索来支撑他的观点（在两人关系发展进步的过程里，人们经常这样做），专家们通常把这种现象称之为"光环效应"。

就像最近，这项研究在加拿大相关机构进行检验，得到的结果表明，一个人判断网页的质量如何，通常在 0.05 秒就已经有所定论了。所以，无论对象是人抑或是物，人们习惯将目光刚落在对方身上，心里就有所定论。

◇ 你的形象决定了别人看你的方式

约翰小时候经常在叔叔的农场玩，从那个时候起，他就知道外在形象所带来的价值是多少。每次农场上有推销人员拜访的时候，只要车道上刚进来了他们的车，叔叔都会郑重地告诉约翰，这是个怎样的人。假如对方的车看起来很新，叔叔就会说："这个人高傲又自大，根本不了解自己的客户，应该是城里不知天高地厚的幼稚小孩。"假如对方的车看起来很旧，叔叔可能会说："他看起来太潦倒了，也许他从前有过农场，但是经营不善，只能另谋生路。"当推销员一离开，叔叔就会问约翰，那些人有没有和他说过话，他对那些人的看法如何。根据对方的风度、着装等外表情况，对方给他留下的印象如何。在约翰看来，他的第一印象都是直接感觉到的。

◇ 你能畅所欲为地塑造自己

戴尔是一家金融服务机构的员工，公司里有一位内部审计师叫卡尔，他不仅事业得意，而且大家谈论起他来都是赞声一片。

作为一名审计师，卡尔的衣着比较标新立异。他本人看起来又瘦又高，似乎和人有距离感。但是有个非常厉害的地方令他瑕不掩瑜，他能够选择适当的时机，对人绽露笑容，让人感觉非常温暖。还有，戴尔觉得他有看人的眼光，经验老到，能够看透对方——如果你想要说话，很容易被他发现异样。最后就是，卡尔身上有一点和别人不一样，他的着装总是新潮大胆，口袋上一定别着 3 支笔，分别是红、绿、紫，刚好也代表着审计师的颜色。

　　请大家仔细思考一下，卡尔是如何塑造自己个人形象的（大家甚至可以思考他的名字，几乎能肯定地说，他原名一定是"卡尔文"，可是他却故意将自己的名字说成"卡尔"），这样做到底有什么含义呢？

　　作为一名内部审计师，有哪些方面的要求需要他做到呢？一个内部审计师等于警察和顾问的结合体——他不但要发现公司里不合理的地方，还要为公司员工提供关于法律、身体、职业道德甚至个人问题的一些看法。卡尔费尽苦心地塑造了这样的形象，想要传达的含义一看就知："我是一名专业审计师，所有该发现的问题都逃不过这双眼睛。同时，这个人很有亲和力，能够理解别人，就算是面对那些情感细腻的人，也有应对的办法。"

◇ **塑造你在企业中的形象**

　　对一名新人领导来说，你想要拥有怎样的形象呢？专家会建议你观察这家公司里的大多数人，从中挑出 3—4 个事业有成同时又让人钦佩恭敬的人物。这些人才是你需要学习的对象。

　　你可以收集这些事业有成的领导所具备的行为模式、做事风格、掌握技能及其他方面的特征。事实上，你已经确立了自己的榜样在工作方面的主要特征。请同事再重复一遍他的看法，一定不要全盘照搬，而是要参考自己的榜样，不断调整自己在做事风格、沟通方式及个人形象方面的特点，从而把自己和内部成功人士之间的差距一再缩短。毕竟他们是通过多年的磨炼最终找到合适的方法，人们为什么不采用拿来主义，对他们的经验教训取其精华、去其糟粕呢？

◇ 试问自己能否做到

你是否善于鉴貌观色，对自我不断调整，能够在任何环境中如虎添翼，或者说，你是不是一个目中无人，喜欢按照自己的愿望和想法来做事的人？很多读者也许会说："这就是自己啊，如果公司或公司的同事不喜欢这样真实的一面，那是他们的问题才对。"这么说吧，如果你认为自己是公司不能缺少的一分子，如果没有自己，公司就没办法运转了，其实你坚持这种态度也未尝不可。但是，假如你不仅是希望能做到胜任工作，最重要的是在公司里出类拔萃的话，和公司无法协调就不是公司的问题，而是自己本身的问题。

最好能塑造这样一种形象，不但让自己在公司能够大展拳脚，还能坚持维护真实的一面。假如你认为自己完全不可能做到，那么就说明，你留在这家公司是不合适的，应当找一个更合适的地方才是对的道路。这个重要的判断需要自己做出，只有通过这样的办法，你才能在别的公司施展能力，或者在现在的公司如鱼得水。

◇ 从细节研究如何塑造个人形象

到这个时候，大家开始知道自己究竟该塑造什么样的形象。以下是一些可供实际操作的建议，为大家提供塑造个人形象的教学。

1. 打扮出符合公司文化或特定环境的外形衣着

以貌取人是人们非常热衷的事情，因此，要保证自己的穿着符合所处的环境是非常重要的。就算遇到了公司的便装日，或者所在的公司本来就不对穿着有任何强制性的规定，还是要保证自己看起来显得专业而得体。举个例子，某周星期五，一个同事在一家大型银行总部等待办事，很明显的是，当天正好是银行的"便装日"。这个同事看着员工来来去去，觉得观察他们是一件非常有意思的事情。尽管这些员工都没有穿上正装，但是你能够轻易地判断出，哪些人对自己的外表是最在意的，哪些人根本不在乎衣着打扮。斯考特勋爵就曾这样对自己的儿子说过："衣着打扮是一件很傻的事情，可是一个人假如连衣着都不得体，看起来只会更傻。"

2. 如果说一个人得到最好的肯定是什么，莫过于对方能轻易叫出自己的名字

假如你能够记得别人的名字，这对他来说绝对是个很大的惊喜。因此，在遇到一个人之后，要在第一时间里记录他的名字。假如不具备这种机会，在展开交流的前几分钟时间里，可以把对方的名字重复两到三次为宜。

3. 要多提出问题，向别人求助时无须犹豫

假如向对方提问，会带给别人你很重视他的感觉。假如向对方寻求帮助，也会带给别人你非常尊重他的感觉。除此之外，对方还会认为你善于学习，具备亲和力，让人感觉良好。

4. 要善于倾听

尽管别人愿意听听看你的想法，实际上表达自己的想法和强人所难之间的界限很模糊。所以，大家一定要小心再小心，尽可能地让自己成为一个好的听众。你需要知道的是，善于倾听别人的想法会让自己得到更大的益处。

5. 及时称赞或认可别人

应该对别人为自己而做的事情由衷地表达感激，假如别人在工作中表现优秀，最好要及时地大方表扬对方。

最终，你会学会如何留给别人一个正面的第一印象，这个第一印象可能会在对方的脑海中固定一辈子。假如你能够做到按照具体的情况来调整自己的形象，成为一名优秀的员工完全指日可待。这也意味着，首先你得是个会思考的人，问问你自己到底想要让别人看到怎样的一面。最重要的是，一定要扪心自问："在这样的情况下，自己的同事又会怎样表现？"

第二课　高情商（High EQ）

——领导者智商可以不够高，但情商不能低

　　大部分人都清楚领导者的管理职能，也明白他们的工作内容和人力物力资源调动、策略制定交付执行、评估当前环境等方面相关。

　　事实上，要做到一个成功的领导者，只有小部分人知道方法。比如，如何调动员工、小组和其他团体的积极性；如何通过建立团队目标、共同愿景来鼓励志气；如何发展员工的潜力、创造力和适应力并且提高团队的执行效率；如何创造一种能最大限度提高所有人潜力的情商文化。

◆ 高情商领导水平案例

　　美林证券的高级副总裁丹·伯特是一个典型的优秀领导者，带领的团队也相当成功。华尔街的权威分析家们认为，美林证券私人客户业务成功的关键在于他杰出的经营策略和优秀的执行能力。除此之外，他在带领团队执行这些深

谋远虑的经营策略时，还拥有难以想象的创造力、勇气，以及热情。作为美国客户关系处理团队的首席，他在带领团队时，由于擅长平衡各方能力，能够及时有效地解决组织构架问题并得到所有人的掌声。

21 世纪初期，一些金融服务业陷入了发展困境，当时的美林证券选择了增加管理层控制能力、减少高层领导的人数、寻求经营文化变革这样一条荆棘遍布的道路。丹·伯特认为，只有对企业文化进行变革，才能让企业保持优秀的竞争力并最终脱颖而出。

要想改变经营文化和企业理念，可以从改变领导者的领导方式开始。丹·伯特先生组织整个团队展开讨论：如何适应新的文化理念，成长为高情商魅力的领导。他采取了以下做法：

1. 和每个经理人私下会面，询问有关领导水平、美林当下企业文化的看法。

2. 将答案归纳总结分析，分析领导水平、企业核心价值观的看法，将适合企业发展的文化理念筛选出来。

这样一来，组织构架轮廓渐渐清晰，他又通知了 150 名职业经理人召开讨论会，主题是"说出你的真话"，时间是 2 天。在会议上，丹·伯特先生展示了组织构架轮廓，博取了全场注意力，团队成员受到未来美好蓝图的激励，讨论会逐渐进入高潮。

在讨论会中，丹·伯特认为问题的重点在以下几个方面：

1. 是否清楚改变企业文化的关系？

2. 经理人的个人能力、团队协作能力是否进步？

3. 是否有利于文化改革？

当然，以上问题在讨论会中——解决，效果好得出乎意料。研讨会还出现了大批领导型人才，他们开始明确什么是领导型团队的重要品质，以及如何在执行中优胜劣汰。

通过丹·伯特的研讨会，这些职业经理人像参与了高难度领导能力培训一般，他们对如何将领导行文、企业文化和发展战略有力结合开始有了深层次的认知。热情带动交流，交流促进信任。最终，发现自己变得强大、无所畏惧。

◇ 分析

为何研讨会如此卓有成效，当然，这事关丹·伯特的自身努力。在每次会议和研讨开始之前，丹·伯特都会询问自己，到底想在谈话中得到什么结果？这个过程中一直不断反省，设想期望，总结重点，从不轻视问题。他明白，这样的尝试一旦开始，就必须进行到底。虽然这是一种冒险，但这也是反复思考中得到的结论，要想解决实际问题，适当的冒险很有必要。

在通知所有职业经理人开会前，丹·伯特私下做了许多准备工作，他的敬业不为人知。但他用行动来证明了高情商领导水平到底是什么，还鼓励每个团队成员说出心声，互相信任，勇于承担责任。他认为讨论对个人成长、企业发展、文化变革和团队进步都是有益的。好在事先系统理清理念，会议上他表现得条理清晰和慷慨激昂，鼓励不同想法的存在，在座的成员都感受到他的价值观和坚定信念。这种勇气鼓舞着身边每一个人，未来的美好蓝图就这样展现在所有人面前。

大家能够学到的就是，真正的领导具备以下特质：

1.充分认识并有效利用领导权。

2.适当激励团队，唤起未来期盼。

可见，人的领导能力能通过训练不断提高，这在心理学、神经科学、管理学和组织行为学的一些研究中已经得到普遍印证。丹·伯特展示的行为方法可以通过培养和学习得到。接下来，读者们将会发现，人们能从自身经历中学到与领导水平相关的知识，影响现在思维模式的，包括孩童时期的各种经历和教育。

上述案例中，丹·伯特的研讨会经历是有关领导水平的重要一课：

1.领导者拥有一定权力。

2.这种权力能够对自己和别人造成影响，要学会如何控制这种影响。

可惜的是，现实中大部分人都不能认识到权力对成功领导者的重要性。

为什么人们会不重视？也许是谦虚，也许是繁忙，自然地忽略了生活和工作中权力所产生的影响力。在人类大部分文化中，骄傲自大的一个表现就是公开承认自己的能力。受传统社会习俗影响，人们通常习惯隐藏真实能力，或否认自身能力对他人的影响。如果在家庭、社会团体或其他组织中担任领导，也不能意识到地位的影响力。当然，社会上还存在一些特别看重能力和权力的人。无论是什么情况，不能正确掌握并运用权力，不能正确认识自己对他人的影响，都会削弱一个人的领导水平。

请认真思考，你从前是不是给人谦虚的假象？喜欢把自己放在普通人的位置，而不是成为指路明灯的领导者位置？下面这个练习，能帮助你认识到自己的能力，以及他人从你的能力中受到什么影响。

◆ 高情商领导水平的基础：建立个人愿景

大部分人开始对自己的工作和生活产生失望情绪，只是他们经常感觉不到这些变化，以下用杰克逊的故事来说明。

杰克逊是一个普通平常的中年男性，他的一切看起来很成功，生活也没有什么风浪。可是，在经年累月的工作和生活里，他不知为何失去了对生活的热情，突然看不到未来在哪里。从前，他出生于贫民区的普通家庭，与他身边的大多数朋友相比，生活完全可以用事事如意来形容。他顺利读书考上大学，工作也一个比一个让人满意。现在的他，坐到了一家中型信息科技公司的副总裁位置，同时也是老板的左膀右臂。他跟女儿们的关系也很亲近，很有远见地把她们读大学的钱都准备好。尽管跟前妻离了婚，也没有影响他们之间的朋友关系。还有一个固定交往的女友，两人之间也很亲密。他还是教会的忠实信徒，每周固定抽时间去礼拜。所有的一切看起来相当圆满，可是，到底会有什么问题困扰他呢？

杰克逊认为，他的工作和生活已经固化，毫无激情可言。有关未来的构想在大脑中完全一片空白。当别人问他有何希望与计划的时候，他茫然四顾，不知道该说些什么。

沉默许久之后，杰克逊无可奈何，他就像一个刚考进大学读书的孩子，不清楚自己的兴趣到底在什么地方，这些行为与他社会精英的表象不符合。所以别人进一步提示他："假如你中了彩票，比如说赢了 8000 万美元的奖金，有什么想要实现的愿望?"他回答："想要开着一辆卡车去环游美国。"这个答案一点都不像是对未来的展望，更接近逃离现实的生活状态。结论让所有人感觉大失所望，杰克逊实在不能继续乏味单一、一成不变地生活了，他迫切地想要改变目前的生活和工作状态。可是，他不清楚自己该如何做出改变。

他们对杰克逊的生活和工作采用了全方位的观察，研究他平时对什么事感兴趣，对什么地方感兴趣。经过一段时间，别人再问他，觉得自己生活能变得充实的事情是什么。他说："想当老师，去一所高中教书，这所高中位于贫民区，这样的话，就能教孩子们学会用电脑取得外面的信息联系。"

说完这些话，杰克逊仿佛变成了另外一个人。看起来他的眼睛闪亮着光芒，开始对学习新东西感兴趣，比从前更爱说话。他顿时开窍了，发现自己的生活充满千奇百怪的可能。提到未来的规划时畅所欲言，例如，他怎样挤出时间在晚上和周末去本地高中教学，打算在公司里为学生建立一个信息科技实习基地等。他脑袋里的新点子层出不穷。从前，他只要一想到自己的工作和未来生活时，心情就会过于平静。但是现在，他几乎忍不住想要立刻把自己的计划和梦想实践。如今，杰克逊对自己到底想要成为什么样的人开始有了深刻的认识，想要做些有意义的事情来实现。最重要的是，他已经做好了具体的操作方法。

这个世界上和杰克逊一样的人还有很多，他们心里希望能从工作和生活中获得满足感，面对这个抽象的概念化目标还不知该如何去实现。部分人告诉自己，应该满意目前的状态，不需要有更高的要求。另外一部分人想通过自己的努力换取美好未来，他们开始参加五花八门的培训，攻读MBA，以至于找专业老师一对一辅导。无论是上面哪一种人，就算他们渴望改变的愿望再强烈，假如不尽快开展行动，生活依旧平淡无奇。换句话说，这种促使人们改变自己的冲动，是种保鲜期很短的情绪，并不会给生活或工作带来丝毫改变。

面对自己的身体健康时，人们也会出现一样的暂时冲动情况。比如，有的人为了瘦身或者塑形，使用了各种花样的解决方式。例如节食瘦身或是聘请健身房的私人教练。刚开始的时候，他们对自己的要求相当严苛，分分秒秒都在计算卡路里的摄入数值，拼了命一样地运动并按时称体重。可是过了一段时间，他们会觉得每天不吃饭或天天在健身房锻炼成为一种累赘，就像是自由生活的权利被剥夺一样。最终，强烈的疲倦情绪会把他们完全击垮，以至于又绕回到继续暴饮暴食，无所谓健身运动的老路上去。

　　最初，人们下定决心想要克服自身弱点。可是把关注的重点放在缺点上面，对努力达到的结果产生过高的不切实际的期望，不明白循序渐进才是真理，自然很快就认为自己的努力无法取得好的结果，浪费了时间和精力。过不了多久，人们的自信心就萎靡不振，跟杰克逊一样，开始变得急躁冒进，垂头丧气。

　　和自身实现的预期目标相似的地方在于：假如现阶段的情况不利于自己，人们不知道还能通过改变自身来创造更加美好的未来，只会一味地伤心失望，看不到远处的梦想。梦想不但能让人们充满力量，还能为人们指明美好生活的前进方向。相反地，当人们失去了对未来的期望，就会丧失激情和行动的力量，而且这种相互影响会不断反复下去。

◆ 高情商领导水平的途径：塑造理想中的自己

梦想确定了人们未来的模样，如果处在一个锦绣前程的鼓舞环境里，人们心中会充满乐观主义精神，身体会积蓄力量，工作效率也会成倍提高。你会觉得万事都有可能，心中充满了积极情绪。被这些积极情绪所带动，你无论做什么事情都会相当有干劲，同时还学会了坚持不懈朝着梦想去努力。

想要培养乐观积极的情绪，需要人们心理、情感、感觉和行为上的各方面反应彼此配合。根据这些配合，人们能从提高自己的情绪适应能力开始，增强神经传导功能，达到改变心理状态，最终实现心智成长的进步过程。储存乐观积极的情绪还能在人对抗权力、压力的负面影响时产生良好的作用，让人的身体和精神保持健康。

建立个人愿景能够帮助人们向着美好的方向做出改变，还能让这种改变延续很长时间。实际上，很多世界级别的运动员都有自己的梦想，在比赛的时候，他们会想着未来的美好情形，最后能赢得比赛且突破个人的最高纪录。人们可以通过想象力来让生活中的一些美好希望和人生梦想变得具体化、形象化，最后成为现实。个人愿景能够帮助人们在情感上实现自身修复，还能对人们的决定和行动指路。如何建立个人愿景呢？关键在于，人们要在脑袋中把它具体化，以能描画出一幅关于未来的清晰图画为最佳，这样就能为人类带来鼓舞人心的作用。显然，人们在工作和生活中的目标与意义经常来自于这样的一幅幅图画。

个人愿景是人们对未来理想的描画，只有通过它，人们才把自己对生活最深层次的渴求和需要真正地表达出来。个人愿景不只包含人们对生活和工作的幻想，还包括了人们对自身的幻想。它描绘了人们梦想中的未来状态，而不是通过现在的状态去做未来预测。

在描画出个人愿景之前，人们会仔细思考理想中的自己是什么模样：

1.你生命中最高尚的理想是什么？

2.你的梦想和希望的未来是怎样的？

3.你的激情怎样挥洒？

4.你肩负着什么责任？

每个人理想中的自己都有不同的地方，它会受到各方面因素的的平衡：第一，人们拥有自己独特的性格特点、生活和工作状态。第二，造成人们各自生活和周围世界影响的是人们不同的价值观和信念。这些都是理想自我的形成依据，当人们现实中的个人能力和未来期望结合后，希望就会激发。

◆ 高情商领导水平的关键：全方位认识自我

每个人的进步和领导水平的提高在一定程度上跟这个人眼前的生活状态关联很大。话句话说，人们会用一些特别的方式来判断这个人的工作和生活之间是否达到一定程度的平衡。当然，这不是看一个人花在工作和生活上的时间分别是多少。应该让那些真正渴望得到改变的人必须对自己生活的方方面面进行审查，根本不只领导水平这一点。让接下来故事的主角杰西卡来告诉你们一些事，当你意识到工作、生活中的一些乐趣慢慢在消失的时候，就是一个相当明显的警告信息。

　　杰西卡·金是《财富》杂志前100名排行榜上的一家公司的客户管理部门副总，她对于得到这个职位表示非常开心。可是，一些很具体的挑战、所领导的复杂组织架构团队、需要处理的多样化人际关系都让她面临严峻的挑战。和大多数人一样，杰西卡对得到这个新职位充满向往和十足的信心，但也有细微的隐忧。到底她能否在新职位上迈出一大步呢？到底她能否在需要照顾家庭生活的同时做好新的工作呢？到底她能否成为一个不需要牺牲家庭来取得职业成就的合格的母亲和妻子呢？

　　几个星期之后的周日下午，他们在佛罗里达州的迈阿密见到了杰西卡。她向他们表示了对于新工作的期待心情，杰西卡也坦白了到现在不知该进修什么新东西或者在行为习惯上有所改变，才能更好地适应新的领导者职位。她希望能从别人那里得到一些建议和意见作为参考，帮助她明白如何做好一个领导者，还有人们又会如何看待她的优点和缺点。

　　接下来的几个月，杰西卡在他们的指导下，尽力对她个人愿景做了一些想象和描绘，就像别人做过的一样。在自身和周围的环境之中她做了一个全面评估，内容包含目前所处领导地位、之前从事的工作经历、家庭关系维护，就怎样实践自身的价值和她希望在新环境中怎样施展自身领导水平做了一番深刻的剖析。在和这些人交谈的过程中，人们能够分析出杰西卡的优点和弱点，以及希望从杰西卡的领导中得到启发。

　　跟着，他们就这些意见和杰西卡坦诚相谈，听完了别人对自身的评价后，杰西卡仿效成功人士，对自身的弱点勇敢承认，相信只有主动改正缺点才能实现她所追求的杰出，也没有提起自身的辉煌业绩。从人们的反应中能够看出，尽管杰西卡还有很多不足的地方存在，但是人们对她给予正面的支持和评价，这些都比负面的看法要多些。这些反应、意见使杰西卡从固定的观念中得以脱身，现在的她能够完全明白人们的想法和感受，还能从他们的评价中收获丰富的信心，面对将来的职业前景充满期望。

经历了自身反思和咨询别人的意见，杰西卡对自身在工作和生活中的优点与弱点都有了充足的认识。简单地说，也就是了解了真正的自身。并且，这种认识无论是对别人还是对她而言，都是深刻而正确的。经过这些认识，杰西卡就能清楚地认识到自身真实的一面和理想一面的差别，学习完全利用自身的优点开展工作的新路子。除此之外，有了这个经验之后，杰西卡还认识到，她可能在某些地方忽视了生命中最重要的一部分，正是这些被她忽视的东西成为支撑她进步的动力。

很多年以前，杰西卡每天都会抽出一点时间练习古典音乐，以至于和朋友组队成立了一个四重奏乐团，她在乐团中担任吉他手。虽然她很小就练习吉他，已经有了20多年的历史，可是她被忙碌的工作占据了大部分时间之后，这个练习就不再继续了。后来和别人一起工作的时候，杰西卡买了把新吉他，从头开始弹奏练习。只是过了几个星期而已，从前每天晚上练习弹奏的习惯就恢复了，偶尔她一个人练习，偶尔也带着孩子一起练习。

对于杰西卡而言，这个兴趣爱好的恢复相当容易，而且这个爱好也给她和她的家人带来更多的欢乐。对吉他的喜爱之情已经融入到她的生命里，也成为她在工作以外的时间里恢复身体和精神的重要手段。像杰西卡这样杰出的高情商领导者通常对自身都有相当准确的认知，他们明白自身的优缺点以及改进空间。要想使改变即刻见效，其中的重中之重就是清楚地了解自身目前的状态如何。作为一个单独的个体，人们的生理特征、生活经历和状态都是有所不同的。当面临生活中新环境的变更时，人们常常能够通过改变自身来不断适应新环境。当得到一份新工作、结识了新的另一半或者面临情侣分手的状态，人们都会发生大大小小的一些变化。

在这里，你会完全认识到现在的你是什么样子的，你将有机会深刻认识作为社会个体和领导者的你，那些成长过程的一点一滴。

来看看你现在所处的地位，对你的优缺点分别思考一下。这个自身的评估过程会和你之前想象中的个人愿景结合，来帮你打造一个实现完美未来的学习进步安排。

1. 考量自己的角色

你应该考虑在你的工作和生活中，哪些行为最有效，而哪些行为最不合适。思考在过去和现在的角色中，对你生活和工作产生影响的角色有哪些。

2. 个人优缺点分类

你应该对你的优点有所分类。同时还要思考一下你的弱点，所面对的挑战有哪些，还有需要克服的困难又有哪些。

3. 考量自身社会关系

人类生活在世界上，并不是完全独立的，与社会总有或大或小的关联，不管是工作还是生活，要想完全与他人毫无往来是根本不可能的，所以你需要反省一下自身的社会关系，以及对你领导水平提升有所影响的那些亲人是如何作用于你的。

◇ 今天的你是如何成就的

太多原因共同形成了你这样一个独立的个体，包括你的行为模式（面对事物时，你的感受、行为方式和语言表达）；你的个人经历、扮演角色和社会身份；你的个人梦想、价值观和思想信仰。在之前的章节中，你已经明白了自身的梦想和信仰是什么，如今的你需要对自己的行为方式有所思考，也就是说，在面对具体事情时你又会怎么做，你又怎样评价你本人呢？世界上所有的人都会受到自身经历的一些影响，在发现你过去生命过程中所形成的行为模式方面，有一系列的练习能够对你有所帮助，这些练习的作用是让你对从前的经历有一个从头至尾的梳理反省。这个反省的过程能让你对生活有个深入的认识，包括你的各种情感状态是如何体现在各种经历当中的。当这些从前的回忆和当下的情绪渐渐清晰，你就能清楚认识到真实的你是怎样的模样。

首先，你应当思考现在的你是怎样的模样。经历了这个过程，你会明白在之前的这些年中，你有了怎样的改变。当你做完后面几个练习，从前的经历会启发你学到很多东西，这当中也会发现你的兴趣到底是什么。当你反复回忆起从前的欢乐时光，还有经历过全部的艰难困阻，你会发现对自身的认识又多了一些。这个反复持续的经过让你明白你是怎样成长和改变的，又完全了解实现成长的关键在于重视生命中每个重要的方面。

◆ 高情商领导水平的表现：将理想付诸现实

不容怀疑的是，为了实现未来的理想，你需要适当地改变自身。那么，在这个过程中，你有什么地方需要学习提高呢？你有什么计划安排需要完成呢？当人们努力让正确的认识化为行动的时候，人们身上会发生根本彻底的、不断的变化，这就是你需要做的，通过制定和完成学习安排来循序渐进地进步。在寻求主动改变的过程之中，安排学习计划是相当重要的一个关键点。在这里，你们也需要从"应该做什么"变成"要做什么"。

假如制定安排只是意味着将安排写出来，这并非什么难事。因为你心里明白为了学习改变安排了什么内容。如果安排学习计划最大的困难你都已经克服了，那么在树立个人愿景方面你已经取得了成功，清楚自身未来的发展方向，该怎么走，如何做。深入发挥了自身的个人自愿，明白自己的优缺点和所拥有的社会关系，而且清楚认识到真实的你是什么模样的。现在的你，唯一缺少的只是一份可供操作的学习安排，指导你进入人生的新阶段。

但是，在我们的现实生活和工作中，太多计划没能得到实现，太多目标都没能得到完成，为什么呢？根据研究调查显示，太多发展安排没能贯彻下去的原因在于，太过于关心一个人的外在表现，那些个人梦想、目标或生活期望被间接性地忽视了。之前你有做过一个练习吗？那个要求你尽可能去想起在人生成长上帮助你的人，还有接受他们对你表现所给出的反应、建议。这些反应、建议和你根据这些意见所制定的学习安排大部分都过于关注社会或他人的要求。这些来自外界所给予的压力或要求绝对不会成为一个人不断学习和进步的支撑力，人们只有面对自身真正想要学习的东西才能坚持完成计划。

这样说的目的就是帮助你明白自身真正的爱好在什么地方，然后为了你的兴趣爱好和愿望不断做出个人改变，而且这种改变不是为了满足别人的期望。这才是这种理念特别的地方。别人所提倡的学习安排应该是你日常生活中的一部分，并不是一张别人对你要求的完成表。

一份好的学习安排不但是一份能让你提高成绩或表现的安排。这两者会有什么区别呢？对于大部分人而言，某些时候的努力改变来自于外界的压力，某些时候的改变则是想要实现自身的梦想，在面对这两种情况时人体产生的荷尔蒙反应也截然相反。面临前一种情况的时候，人们会很自然地产生一种自我保护机制。实际上，真正的学习安排是让人能感觉到希望和活力、充满创造力和探索精神的。安排中的主动学习能让人全神贯注于自身的爱好兴趣、充满意义的事，在人们做这些事情的时候，不必担心会失败和让别人扫兴。

在制定学习安排之前，你还需要了解的就是，会有 4 个因素来影响你的制定过程和安排的最终效果：

1. 计划风格。

2. 学习风格。

3. 生活的节奏。

4. 别人的帮助，这是你能主动进行改变的关键因素。

最后需要提醒你的是，让思考转变为实际行动力是一个相当大的飞跃，要求你必须具备正确的自身认识和庞大的自身约束力。当实现梦想时，也就是你成为一个优秀的或是杰出领导的那一天。那些围绕在你身边依靠你的人都会从你的领导水平中受惠，同时整个团队的凝聚力会提高很多，这点相当重要。

◇ **制订计划的类型**

人们在实现梦想的时候有很多方式与道路可行，正如他们在研究中发现的那样，人们在假想将来的时候一般有三种方式：目标导向、方向导向和行为导向。一部分人会把目标设定得相当具体，而且会在执行时也能做到安排细致、循序渐进。在他们的样本中，大概有一半的人都是目标导向型的。这些安排者经常会制定详细的目标和他们希望达到的结果，但这些目标和结果也许跟先前的最终梦想和追求没有多大的关系。这就意味着尽管这部分人很会设定目标并如期实现，但他们也许一直挣扎在短期目标的路上，一直都不能接近他们的最终梦想。可是，通常来说，一个人他到底属不属于目标导向型，并不是那么容易确认的。由于设定目标对多数人来说是相当自然的事，也是制定安排的常规方法，人们在学校早就受过这方面的学习培训，商业上也有近似的业绩关系体系可供比较。

　　还有一部分人，他们在追逐梦想的时候表现为方向导向型。这种人知道他们努力的方向朝什么地方，可是每个阶段性的目标却不是那么明确。他们信念坚定，但却在设定和实现具体目标时表现得相当千变万化。换句话来说，有关未来的期许和现实世界的看法，他们的视野会非常宽广。这种人也能知足常乐、见机行事，还能更好地适应身边的环境，也能够抓住前进过程中从天而降的机会。他们一方面能够坚持自己的原则和价值观不动摇，另外一方面也能迅速就身边环境的变化做出反应。

　　当然，还有很多人对于长远的未来并不关心。在人们的研究中，大概有 1/3 的人是行为导向型的，他们根本不去关心未来有什么改变，也没有什么长期的计划去实行。有一部分人只思考了当前的任务和行为，根本不担心下一步该怎么行动。他们在行动时只会思考当下的环境和条件，而下一步决定则几乎取决于上个行为带来的结果。还有一部分人则彻底地生活在当下，只关心现在的自身是什么模样，并不思考将来又会做些什么事。

　　当你在制订自身的计划安排时，很可能需要参考以上多种方式。假如一个领导水平训练想打算说服每一个人都按照同一种模式去训练的话，同时想要人们肯定对全部人都有一种"最佳办法"存在，这种训练无疑是失败的。

　　虽然上面几种方式各不相同，还是有好很多值得我们参考借鉴的地方。在你确定自身最接近什么风格之后，就能够思考从其他的两种风格中还能学到什么经验。打个比方，假如你接近方向导向型或行为导向型计划的话，你也必须在计划中包含一些实际的、能够操作的目标。假如你接近于目标导向型计划，那么你也许在设定具体目标时不会碰到苦难，但也要做好见机行事的准备。"个人愿景"这个练习能够帮助你把自身的学习安排和对未来的期许关联起来。假如你是一位行为导向型计划者，请保证你能坚持自身的原则和价值观念，同时在行动中适当地增加一些计划安排。这三种风格，随便每一种都能为其他的风格提供参照，你所需要做的就是准确选择你所接近的风格，同时适当地吸收另外两种风格的优势。

第三课　高效率（High efficiency）

——低效者能驾好一车，高效者能策动万马

为什么有的领导者能带领团队迅速实现目标，而有的领导者花费更多时间精力，得到的结果却不尽如人意？

归根结底，成功的领导水平还包含了做事效率的高低。只有高效的领导者，才能通过审视提升自己，达到带领团队前进的目的。

◆ 高效率团队管理案例

多年前，斯皮尔斯·洛林在当地报纸的体育专栏上写过一篇报道，文中描述了两位教练在激烈的足球比赛中是如何表现的，还提到落败队教练所发生的一系列古怪行为，正是他的行为导致了球队的落败。事实上，失败的球队不光在那次比赛中无功而返，在其余比赛中也从未奏响过胜利的凯歌。洛林在报道中是这样写的："他气急败坏，不知所措地在场地边来回跑，高举着手臂横冲

直撞，甚至打落了场地边上的摄像机。他古怪的行为像是在告诉自己的队伍——命运与他们作对，根本没有取得胜利的可能。于是，接下来的两周时间里，又输掉了一次次的关键战役。"

与此形成鲜明对比的是，获胜队的教练"毫不在意地坐在看台上，镇定的表现像是告诉队员们，如果想要取得成功，一切只能靠自己努力。他们也这样做到了，最终赢来了胜利"。

如果以比赛的经验和知识来衡量，两个教练基本毫无差别，因为他们都能带领队伍杀进决赛。可是，为什么一个总是与失败为伍，而另一个不断获胜呢？

◇ 分析

实际上，这两种不同的结果跟人们所呈现的表现是否正负面相关，这种表现很大程度上能够影响到当事人和身边其他人的行为。

一般情况下，当事人并未意识到自己的行为对别人而言究竟代表什么。在心理学研究领域，科学家们将这种现象称为"内外控倾向"，说的是对一个人如何看待生活中所发生的事究其原因。

1.你是不是认为命运掌握在自己的手里？——"这是我自食其力的结果"。

2.命运是一些外力运作的结果，是上天的旨意或他人的行为——"这些错都是别人造成的"或"这是运气决定的结果"。

◆ 高效率开发自己的潜力

◇ 内控型人和外控型人的区分

简单讲，如果你相信自己的行为是自己的决定或努力带来的，你就是典型的内控型人。如果你相信自己的行为是运气、命运或是其他因素带来的，你就是典型的外控型人。

外控型人和内控型人，到底哪种才是正确的选择呢？一般而言，内控型人受积极性、期望、自尊、冒险行为，或者自身行为的最终结果的影响。正如大家所感受到的，一些调查数据显示出内控型人给人的感觉和自身行为都显得更加积极。

如何判断自己到底是外控型人还是内控型人呢？你身边那些最了解你的人才会给出正确的答案。同时，网络上有许多免费的测试可以帮助你深入了解自己。只需要几分钟的时间做完这些测试，你就会明白自己到底是内控型人还是外控型人。

接下来的问题至关重要：如果你已经确定了自己倾向于外控型，还有改变自己的可能吗？

根据研究结果表明，人类的内外控倾向都来自于后天学习，都存在改变的可能。某培训师从前担任过一家俱乐部的培训顾问，是一家由国内和国际赛艇教练组成的队伍。经过成功的培训，教练在运动员面前表现得更加积极，也就是让他们更加倾向于内控型。无论是运动员还是教练自己，都能感受到一年里保持着积极的状态。

◇ 内外控倾向对个人发展的影响

尽管有些管理者刚上任，却不缺少雄心壮志，他们急切地想要迅速提高团队的志气。在这些人接受培训的过程中，培训师会要求他们先从审视自我开始，再从内外控倾向方面调节提升，最后再管理整个团队。一般来讲，如果管理者的行为有所转变，团队的志气也会有所高涨。仅就这个角度而言，一个团队的志气是由管理者行为决定的，而不是团队成员行为所造成的。每个人都应该能够明白这样一个道理：每个人的自我发展是掌握在自己手里的。在阅读这些的时候，你们很可能完成了内控型人的转化，表现出积极向上的状态。正因为这种积极的状态，你们才可能在工作中脱颖而出。

◇ 如何改变自己来提升状态

怎样才能通过改变自己的内外控倾向实现提升状态的目的呢？虽然市场上各种培训项目多如多毛，能通过有效的行为改变方法来帮助受训者实现内外控转变。但是，如果你对操作简单、效果明显的方法有兴趣，可以从改变自己的日常谈话角度入手，这样做见效更快。

比如，大家可以试着把"不要"这个词在自己的词汇表中消失，直接提建议，在心目中描绘一个充满正能量的形象就好，这样，你们就能够呈现出一种积极向上的状态。下面大家来看看一些语句，看看阅读的时候，脑海中会得到什么样的画面：

1. 不要掉下去了！

2. 不能在墙上胡乱涂鸦！

3. 如果地震爆发，不可以待在屋里！

当你听到"不要掉下去了！"，脑海中浮现的画面可能就是什么东西快掉了，同时会想到碰掉这个东西可能造成的严重后果。在这个过程中，可能会想到童年时期不小心碰掉一些东西的情形，还会想起当时因此造成的一些麻烦。

当你听到"不能在墙上胡乱涂鸦！"时，可能会想到你在墙边，手里拿着东西在搞涂鸦创作，实际上说话的人也许只是让你不要随便乱画罢了。可是他在说这句话的过程中，没有提到过"乱画"。因此，你可能会联想到自己正在墙上乱画。

当你听到"如果遇上地震，不可以待在屋里"，你唯一能想到的就是地震中倒塌的房屋。就像研究数据里表明的一样，地震发生时很多建筑物会被晃倒，人们只会在意家里安全。实际结果就是，当面临危险，人们本能地还是会找个地方躲起来，反而忘记要逃出去，找个空旷的地方待着。正因如此，有关部门把标语变更为"如果出现地震，请撤离到应急避难场合"。设计师还用图示标出应急避难场所的位置所在，通过视觉材料突出表现"应急避难场所"。

大家开始明白了吗？只要在陈述或标志上和"不要"这个词扯上关系的任何话语都会在脑海中形成某种图像。前面已经示范了3个关于"不要"这种陈述的事例，在事例中，这种陈述带给人的脑电波图像基本就是相反甚至对立的，造成听话人无法接收到说话者想到表达的信息，或是听话人应该发生的行为无法发生。

假如在说话时抹去"不要"这个词，尽力描述自己想要对方产生的正面行为，这样你就能从积极思考开始，将正面思想升级为积极的行动。除此以外，一个人的正面语言和行为会给听话人带来积极的影响，只要描述的是想要对方进行的正面行为，而非阻止对方进行的反面行为，人们就会从外控型人转变为内控型人。

打个比方，假如是内控型的人打算表达前面几条反面叙述的含义，也许会使用以下的表达方式：

1. "不要掉下去了!"——"千万要拿好玻璃杯啊!"

2. "不要在墙上胡乱涂鸦!"——"墙上是不能乱画的!"

3. "遇到地震,不要待在屋里!"——"要是遇到地震,记得撤到空旷的地方!"

经历了修改后的表达方式,更容易让发言人和听众在瞬间接收到正确信息。

上面这3个案例也表明了,使用"不要"这样的叙述在传统文化中是坚不可摧的。人们需要下意识地控制自身,改而使用充满正面能量的词汇。

这种果断把叙述中的"不要"去掉的方式,对你来说是不是更容易接受呢?

有人对接受过训练的人进行了调查跟踪,并采访了那些队员。全无例外的是,队员们提到其中一位教练都赞声一片。他们众口一词地回应:"他在过去的一年中改变很多。大家都不知道他参加的培训计划到底是什么,可是现在,他这个人的状态相当正面积极,大家在他手下训练也相当快乐。"

有个显而易见的道理是,对自身的优缺点必须要全盘掌握。可是,在过去的10年里,有个面对管理和领导高效性的研究结果证明:

1. 在工作中的表现通常优秀杰出的管理者,是能够定期主动去收集别人对自身工作表现反应的。

2. 能够相当明白地了解到自身的优缺点的管理者通常是较为杰出的领导者。

正是因为以上两个原因,管理者需要主动收集别人对自身优缺点的反应。

那么,我们为什么需要取得精确的反应呢?

通常而言,想知道人们到底怎样评价自身的工作表现,对太多管理者而言是个相当有难度的问题。但是想知道自身取得的真实成绩如何,比较而言会简单得多，换句话说，自身职责范围中的任务部分，包括销售情况、生产目标或预算等，这些消息都是比较详细的，因此自身在这些方面表现怎样，一般情况下是一望而知的。不过，假如想了解自身在管理方面的表现又是怎样，就会相对困难了——换句话说，你在管理中采取的行为是否恰当，你和其他员工之间的人际关系应对是否得体等，这种类型的反应意见是最难收集的。通常来讲，你在这些地方得到的唯一反应，也许就是你的上司告诉你"某些地方出了点状况"。假如你想要从同事那里获得一些消息，他们的反应一般都相对概括，而且通常不会提起你不足的地方。

这种不劳而获的方式也许太过被动，而且这种零星的反应一般也起不到什么作用。还是提议你们采用一种很好的方式，因而对自身的优缺点有一个准确的了解。你能积极征询别人的意见，观察他们到底是怎样对待你的。然后，你能将自身采集来的反应和自身评价进行对比。

要想达到这个目的，人们应该：

1. 真正要求了解你、熟悉你的人给你反应，这些人包含你的同级领导、同事、团队成员，还有伴侣或男女朋友。这种办法的缺陷在于，别人很可能为了顾及你的情绪，对你有些保留。为了杜绝这种现象存在，你应当让他们写出你的优缺点各 3 个。

2. 也能使用全方位反馈从别人那里采集反应。毫不怀疑的是，这种方法不但能够提高反应的准确度，还能让对方在给予反应的过程中最大限度地坦然相谈。

◆ 培养高效率的方法

假如公司的 CEO 直接给你挂了个电话，就负责一项特殊任务征询你的想法。在完成这个任务的过程中，你必须跟 CEO 一对一汇报，也许还能就企业面临的重大战略问题独立进行决策。对你来说，这项特殊任务代表着一个提高自身的机会，很大程度上会成为你人生中的重大转折。可是，这项特殊任务本身还包含了一个不利因素，就是这项任务需要占用你一天的工作时间，你还需要剩下的 4 天来完成你现在的工作任务。

在接着读下去之前，先对这个问题进行回答，你是否会接受这项特殊任务？

根据一项专业报道，相关研究人员就这个问题对上百个管理者提出意见调查。大部分人都觉得现在的工作已经忙碌不堪了，可是，还有 99% 的人认为他们能够接受这项任务，原因在什么地方呢？

以下这些问题需要管理者来回答：

1.他们是否坦诚加入激励措施力度够大，他们会在每周花费 8—10 个小时来完成手头的工作，或是对手中的工作进行缩减，同时保证不会产生任何扫兴后果。

2.他们是否将有些时间浪费在完全没有什么结果，根本就是浪费时间的活动上面？事实上，他们能够轻而易举地避免这些工作的发生，去做这些工作也只是为了减轻因工作压力产生的焦虑心理。

你是不是和 99% 的管理者一样，给予了肯定的答案？如果是的话，你现在从事的工作里，并非有些哪些部分非做不可，或是少做一点都成呢？这样你的空余时间就腾出来为更重要的事情让步，或者，你的一些工作交给别的团队成员通过任务分配的形式来处理。

几乎大部分的管理者都会通过五花八门、事实上并无用处的工作来减轻由工作压力带来的焦虑情绪。这种做法也能说是他们在无意识状态下产生的心理反应，表现形式也许是指责、否认等。这当中代价最高的表现形式是让你一直处在一种忙碌的状态，你一直奋斗在一些没有意义但难度较低的工作上面，从而避免那些充满机遇的任务安排。

这些浪费时间的活动能称为"舒适任务"，这种说法相当合适。由于在开展这些工作的过程里，根本没什么机会浪费脑细胞，做事也相当轻快，当然会带给你舒适的感觉。可是，就算完成了这些工作，你就能离自己的目标更近一步吗？差不多能够肯定地说，答案是错误的。就像享受美食一样，这种"舒适任务"让人感觉飘然，可是假如这种工作你做得很多，你也会有饱胀的感觉。因此，关键的问题在于怎样将这种工作适当减少到最低程度，让你享受这种舒适的时候，不会由于时间管理问题失当而耽误一些大事。

◇ 时间管理中的"舒适任务"与"节能计划"

那么，怎样才能减少浪费在"舒适任务"上的时间呢？

第一就是要可以感觉到你事实上在"舒适任务"上浪费的时间有多少。需要记得的是，对大多数人们而言，完成这类"舒适任务"的时候通常处在无意识状态，因此你需要确定哪些任务是"舒适任务"的范畴。

当你确定了"舒适任务"都有什么类型（这本书后面的练习能够告诉你详细的应对办法），你就能下意识地去压缩从事这些工作的时间。必须要记得，在这些"舒适任务"上浪费时间也许是一种安全的减压方式，没有什么问题，可是如果过多地承担这种"舒适任务"，就会引发不良后果。

未来的时候，当你发现思绪有些捉摸不定，要记得检查一下你手头上做的是不是"舒适任务"，然后警告你重新回到正常的工作生活中。这种简单的办法就能帮你空余一些时间出来，方便专注于你的工作或私人生活中那些真正重要的事。

◇ **怎样判断工作的重要性**

你要想正确地判断什么才是重要的工作，就得对工作进行仔细的区别和鉴别，这样才能将重要工作和亟待解决工作合理区分。

"亟待解决工作"代表的是那些需要准确时间限制的工作。一般情况下，这些工作不是由你个人决定，而是需要别人的合作才能推进下去。假如任务需要更早的完成时间，就代表你这个任务的紧急性越高。紧急的一般任务包括回复电子邮件，参与别人组织的回忆，还有填写一些定期报告。

"重要工作"代表的是对那些达到最终目标有帮助的工作。一项工作任务的重要程度在于到底需要浪费多少时间来完成。必须注意的是，重要工作和紧急程度完全没有关系，重要工作代表着你想要开展或者需要开展的工作，并非别人想要你去完成的工作。什么才是重要的工作呢？对于不同的人而言或许会有各种答案，可是通常而言，重要工作包含了筑造你的人际关系网络，制定未来一年的个人发展规划，还有参与个人发展规划。

一旦你能够正确区分亟待解决工作和重要工作，那么你就可以轻而易举地在下面4个选项中做出选择：

1. 立刻动手去做。

2. 打算何时去做。

3. 过会儿再做。

4. 完全不做。

假如你发现对于当下到底该做什么并不知道的时候，或觉得你手头的工作忙碌不堪，对下一步工作的开展没有任何头绪的时候，可以考虑试着对工作分一分类。

下面两个步骤对你会有所帮助：

1. 确定一项工作的程度

首先，你需要扪心自问：

A. 这个工作重要吗？

B. 这个工作对你实现长期目标有无帮助？

假如答案都是肯定的，则这个工作就可以划分为重要并且紧急类别。

假如你的答案是否定的，则这个工作就可以划分为重要但是并不紧急的类别中。

2. 假如这件事情相对重要，能够现在开始入手，或是排在日程表之前

当你认定这个工作的重要性很高的时候，你就能确定：

A. 这个工作是否紧急？换句话说，假如现在不做，会有什么后果？

B. 为推动事情进展，你采取下一步措施又在何时？一定要记得把这件事的安排写在日程表上。

第二部分

管理精髓——TRM

管理的本质就是要管理团队及其关系，只有能成功驾驭团队与关系的领导才是好领导。沃顿商学院的教授们一再地告诉前来学习的学生，管理是一种艺术，它有自己的技巧、工具和方法，只有掌握了管理团队的方法，才能当好领导。

第四课　管理团队（Team）

——领导者的最大作用就是让团队成为一体

团队管理是每个领导者面临的最大的难题，也是在驾驭他人的过程中最为棘手的事情。如何才能让团队成为一个密不可分的整体，让团队成员各司其职，使团队的效能达到最好？如何调动团队成员的积极性，让成员们认可这个团队？……这些问题不胜枚举，但都无一不指向团队管理这个核心。成功的领导者，总能在无形之中让下属积极地动起来，不断地提升自己的能力，以便使团队的效能发挥到最大。

◆ 管理团队案例

一次，汤米应聘到一家公司做培训经理。与汤米同时进入公司的还有乔伊。乔伊也应聘了培训经理一职，两人在工作中一直相处很愉快，私交也不错。偶尔，他们还会趁休假的时候相约到对方的家里烤肉。虽然汤米刻意隐瞒这个事实，但显然，双方都对对方应聘了培训经理这一事实心知肚明。

两人对这家公司都十分中意。但因为公司正处于上升时期，聘任两人作为培训经理，就给两人分别以"高级经理"、"培训经理"的职位。恰好，汤米成了高级经理，而乔伊成了他的属下。在正式任职之前，他们一起吃过一次烤肉。就在那次交谈过程中，他们都真诚地表示自己想要在新工作环境中与对方配合协作的愿望。

但在上任两周后，汤米和乔伊之间就出现了分歧。直到第三个月，这种分歧已然上升到了直接的冲突。究其原因，正是因为两人在培训实施方式上的差别。两人原来彼此之间印象颇佳，在原来的公司合作也很愉快，甚至私交也不错。而且，双方对于培训应该发挥的作用也全无任何相左的意见。但在培训实施方式方面，两人都特别固执己见。虽然新公司为两人制定了不同的职位描述，但这一描述的方式是建立在"投入"的基础上的（也即是职责范围内的职责和完成这些职责的方式），而不是建立在"产出"的基础上的（也即是每个人所需要实现的目标）。因为两人的职责在描述上有所重合，所以才会产生意见不合，最终形成"角色冲突"。

◇ 分析

汤米的这个例子看似很极端，但事实上，绝不是这样的。有的时候，人们即便是深陷"角色冲突"中也毫无意识。因为我们经常会错误地认为，这就是性格之间的冲突。但事实上，绝不是这样的。

之所以会发生这样的冲突，正是因为相互之间职责并不明确，也即是公司并没有把握住对绩效的管理，从而影响到了团队的协作。

◆ 管理团队核心：明确职责，关键把握绩效管理

关于团队成员的考核标准，我们可以分为两个步骤来制定：

首先，明确定义每个团队成员的职责范围；然后，明确考核标准和衡量方法，并就以上内容和团队成员达成一致意见。

1. 明确定义每个团队成员的职责范围

对于管理界的新人而言，一定要非常明确地了解：

自己所带领团队成员的职责所在；自己对每个团队成员在工作上的期望。

不这样做的话，团队成员的表现将会随着误解而变得差强人意，甚至与你本来的期望背道而驰。如果任由事情恶化下去，那么，所产生的误解将可能会导致更大规模的"角色冲突"。

（1）在明确定义每个团队成员的职责范围时，应该放弃"投入型"的方式，选择"产出型"的方式

在进行职位描述的时候，最大的问题之一就是：很多描述经常是建立在"投入"的基础上，而不是"产出"的基础上。前者指的是员工需要完成的工作，而后者指的是员工需要实现怎样的目标。举个例子就是，"监督、指导销售服务团队的运作"属于"投入"，而"确保客户满意"属于"产出"。一旦对职位用"投入型"的方式进行描述，那么就可能会导致以下三种后果：

第一个结果是，在不同团队成员之间可能会出现角色职责的重合，甚至还极有可能会出现某些团队职责无人问津。而要想把所有职责一一列举出来是很难做到的，所以这一结果也是无法避免的。

第二个结果是，团队成员可能会完全专注于自己被分配的职责，这样也就限制了其思维，看问题的时候难以做到宏观地综观全局。换句话说，这些人会忘记整个团队，甚至整个企业的整体发展目标。

第三个结果是，这样的"投入型"职位描述可能会被员工用作自己的辩护理由。譬如，在规模比较大的企业里，尤其是那些有着明确等级划分的企业里，如果采取"投入型"的职位描述将可能导致角色冲突。在没有实现目标的情况下，员工们可能以此作为"免死金牌"，为自己辩护。这些人肯定会为自己辩护道："在职位描述中，根本就没有这部分工作。"无论对职位的描述多么地详尽、具体，也无法避免错漏部分工作。因此，才凸显了"产出"的重要性。并且，在规模较小的企业内，"投入型"的职位描述会使得员工不堪重负。如果某项工作不在员工的职位描述内，那么其将会以"不在职责范围内"为理由进行推脱。

(2) 在明确定义每个团队成员的职责范围时征求团队成员的意见，最终使其专心致志地投入到工作中去

在进行职位描述的同时，应该就该职位预计要实现的目标与团队成员达成一致。

对管理新人而言，在职位描述的制定过程中要经过一系列的讨论，努力使团队所有成员达成一致。同时，还要就职位的"产出"和团队成员形成共识，这是十分必要的。因为这对于团队的工作关系和工作设定，甚至最终企业的构架都会产生深远的影响。总而言之，职位描述的价值远比想象中的要重要得多。

职位描述的制定不能依靠一个人独断专行，还不能交给人力资源部门而放任不管。如果人力资源部门也参与到职位描述的制定过程中来的话，其发挥的作用只能限于进行培训，或者提供某些辅助性工作。而真正的决定者应该是管

理者和全体团队成员。必须要记住的一点是，职位描述不应该是照搬现有的相关理论和经验，也不应该按照模版生搬硬套，负责对职位进行描述的人应该充分考虑每一个工作岗位的工作目标。

（3）在"投入型"方式的基础上添加内容，使其转化成为"产出型"方式

要将原有的"投入型"方式转换成为"产出型"方式，其中的一个方法就是在现有职位描述的基础上增添条件。具体可以参考下面所列举的职责描述，该职责描述是从一个大型中央处理器中心主管的职位描述中摘抄而来的，具有很强大的借鉴意义：

在大规模、多主机的运作环境中，负责监督并指导计算机控制室的运作。

对操作人员进行现场培训支持，确保其按照标准的运作流程进行操作。

在系统软件、硬件分析和修正的过程中，以及机器运行出现问题的情况下，向员工提供帮助，或者找到适合的人选来完成该项工作。

对计算机使用记录和运作日志进行维护。

协助值班经理完成工作。

以上这些描述的基础是"投入"，而非"产出"。

一般来说，多数的"产出型"职位描述最后列出的"产出"仅为5~6条，而职位较低的话，也不会超过10条（必须注意的是，对于"产出"的职位描述不能杂糅任何"投入"的成分在内）。从经验法则的角度来说，应该是：随着职位的升高，管理者的"产出"数量应该随之递减。

这也就意味着，如果一个人已经晋升为首席执行官的职位，这个人的产出也就会变成"实现高效管理，从而达到股东们的期望值"。

另外，必须要铭记于心，其中最终要的是针对"产出"的问题和团队成员进行协商，最终达成共识的过程。这一过程很大程度上影响着良好工作关系、工作设计及最终的企业构架的构建。职位描述绝不仅仅限于纸上谈兵，因此，

一定要保证工作人员的积极参与。

你的团队现在如果还没有任何职位描述的话，你可以采取这样的方式。让每一位成员参与进来，将其工作职责一一罗列出来，然后将其转化成为"产出"。然后，让大家在短时间内学会这种方法，这样的速度将会让你大吃一惊的。

这样做还有一个积极的作用，那就是管理者可以将员工们所列的"产出"作为基础，制定立足于结果的培训项目。这样一来，一次名叫"保证客户满意度"（"产出型"）的培训项目极有可能会区别于"为客户提供服务"（"投入型"）的培训项目，而前者的高效程度将会胜出后者许多倍。

到这里，文章开头的故事结局也就不难想象了。乔伊最终还是在企业的其他部门担任职务，而他原来所在岗位一直处于空缺状态。因为，企业和汤米都知道了"产出"的重要性。

2. 明确考核标准和衡量方法，并就以上内容和团队成员达成一致意见

现在，你已经为每个团队成员都规定了预计"产出"，参考这些"产出"是制定考核办法最简单的方法。

（1）在制定考核办法的过程中一定要团队成员参与进来

对于绩效管理而言，制定考核办法是至关重要的，其中让所有团队成员参与进来也是至关重要的。若所有团队成员在制定考核办法的过程中就能全力协助完成的话，他们就会在该过程中表现出更强的责任感。

（2）单独和每个团队成员谈话，一起讨论考核办法

和每一位团队成员进行单独谈话，协同制定考核办法，并就该办法与相关人员达成一致，这是每一位管理者都应该做到的。

另外，管理者可以让所有团队成员制定出自己所在职位的"产出型"描述，然后，让其在每一条描述之后加上考核办法。这种"产出型"职位描述的

制定过程很简单，团队成员只需要回答下列问题就完成整个制定过程了："在我们实现这一目标的前提下，你预计将会产生的结果是什么？"又或者"你怎样才能知道自己是否达到这一目标呢？"在通常情况下，这些问题的答案往往包含着关于衡量方法的信息，而衡量的角度包括：

数量，也即是"多少"；

质量，也即是"达到了什么标准"；

时间，也即是"截止到什么时候"；

成本或收入，也即是"多少钱"。

首先要明确每个团队成员职责所在，然后，再和成员一起设定考核办法，并就该办法达成一致。这样一来，管理者的工作负担就会减轻很多。同时，这种方法的采用还可以调动团队成员的积极性，使其得以怀着更大的热情投入到工作中去，竭尽全力完成既定的考核标准。相反，一旦管理者在制定考核办法的过程中，摒弃这种合作式的制定方式，最终也不过是让团队成员一味服从自己的主观意愿罢了。

而一个人如果成为了管理者，那么就会希望自己的下属能够积极主动地为工作不懈努力，而不仅仅是唯自己马首是瞻。

◆ 管理团队目标：加强团队协作

作为一名管理新人，你如果想要获得成功，不仅需要自己努力，还需要整个团队携手共进，勇往直前。只有团队所有成员对团队目标达成共识，并愿意为之付诸努力，才能实现团队内部的良好合作。同时，合作能力、责任感以及其他为实现目标必需的资源和技能都是不可缺少的因素。

我们可以通过下列 5 个步骤，实现团队合作的加强：

明确是否需要一支团队，再确定是否拥有一支团队。

明确自己作为团队领导者应该扮演的角色。

明确现有团队的等级。

明确所有团队成员的参与。

兼顾"流程管理"和"内容管理"。

就团队而言，我们需要明确以下内容：

1. 你所拥有的是一支团队，而不只是一个群体

管理者常常会浪费大量时间在尝试在一群下属中建立起团队合作关系，但这些人的工作并不需要他人的合作，更不需要组成一支团队。这些人的职责分类截然不同，并不需要依靠其他人才能实现自己的工作目标。

2. 团队与群体之间的区别

群体是一支至少由两个以上的人组成的队伍，这些人相互合作，工作目标密切相关。然而，这些人中的大多数不需要依靠群体中的其他成员才能实现自己的工作目标。就像是一个组织中的"顶级团队"，这支所谓的"团队"实际上是群体。因为在这个群体中，每个成员都对应着明确的职责范围。虽然可能他们所有人都竭尽全力地朝着"企业成功"这个共同目标不断努力，并且，在实现目标过程中需要一定程度上的合作，但这些人中的大多数在通常情况下，不需要借助于"顶级团队"中其他成员就能够很好地履行自己的工作。

然而，与之相对，团队从客观上来说也是全体，但同时还具有以下的 3 个特征区别于一般群体：

团队中的每一位成员要想完成自己的工作任务、实现工作目标，必须依赖彼此之间的合作。

团队中的每一位成员在团队中的职责都很明确。

甚至有的团队目标建立在所有团队成员共同合作的基础上，也即是说，在一个团队中，一旦某位成员无法完成自己的工作任务，不仅会影响到自己的工作目标，还会对整个团队的工作目标有着很大的影响。

正是因为以上的这3个特征，在团队中，团队成员彼此之间的互动方式和群体成员的不同。

下面，我们可以通过板球和足球比赛来区分群体和团队。这两项运动规则虽然不尽相同，比赛方式也不同，但正因为两者之间存在着一定的共同之处，这两项运动才能称为团队，而不是群体。

在板球和足球运动中，游戏规则是：

每位成员都必须要击球或碰球，而团队的目标是积极跑动，而不是积极防守。

每位成员都必须要能够发球和接球，也即是说，所有成员必须在一定水平上做到手眼协作，而且团队的目标就是尽最大可能减少队员跑位。

为了让团队能够获胜，有些成员不但要具备发球接球的能力，还需要其他的一些特殊技能。以垒球为例，团队中不仅需要投手，还需要接球手；在板球运动中，不仅需要板球投球手，还需要捕手。

这两项运动过程中，队伍中的所有成员只有在彼此间充满信任的基础上，才能更好地达成自己的目标，从而为团队取胜贡献自己的一份力量。

这样看来，我们就可以判断现在的情况下，更多是需要团队协作，还是群体工作。

3. 区分团队和群体的重要性

如果你一直持有下属构成的就是一支团队的观点，或者坚信根据自己现在的情势需要的是团队协作而非群体工作。那么，你就会发现，在自己的下属所组成的团队中，你所扮演的领导角色十分重要，你的角色发挥将会对团队的成功起到至关重要的作用。

但如果你在考虑过自己目前的处境的前提下，认为把自己的下属组成一支团队并不那么必要，那么作为一名管理者的你，需要发挥完全不同的作用了。你还需要具备一切作为一名团队领导者需要的人际交往的技巧，并且以一种不同的方式发挥出来。正如下文所述：

在工作的过程中，更多的或许是发出指令，而不是征求意见，将观点统一。

每次会议的内容更多立足于信息的共享，而不是协同解决问题。

可能不会那么频繁地召开会议，因为亟须解决问题并没有那么迫切，而且所有人都面临着不尽相同的问题。

其中最重要的是，你更多时候会和成员一对一地进行交流，而不是一个人面对整个群体地进行交流。

◆ 团队领导者的角色定位

你必须明确：你将在团队中树立怎样的榜样？你自身应该成为怎样的榜样？我们常常会听到，"一个团队是它的领导者的缩影"这样的话。如果你自己都不明白自己作为团队领导者所要扮演的角色的话，那么你的团队成员也将会比你更加混沌。

◇ 明确自己的团队等级

明确自己的团队发展阶段。

在明确自己所带领的是一支团队的基础上，我们可以进一步讨论实质问题了。

嘴上不停地说着团队合作，但实际上并不一定如此，因为口头上的表达离实质上的效果还是有很大的差距的。那么，我们下一步要讨论的就是团队的实质问题了。

想要实现团队合作，最好的途径就是把团队详尽地向他人描述出来。而你的倾诉对象可以是你并肩作战的伙伴，也可以是团队中的任何好友。而你可以选择问答的方式来进行描述，也即是在一张纸上写下自己的答案。

团队组成成员是……

团队工作目标是……

团队实现目标的方式是……

现在，团队所面临的挑战是……

在我心目中，团队是……

成功的

从某种意义上讲是成功的

不太成功

原因是……

如果可以，我将会给团队下一个定义，是……

即使是第一次向其他人描述自己团队的样貌，也将会对明确作为团队领导者对团队的真实想法有帮助。这样一来，你自己就会更加确定，并以此作为基础，即使你的团队已经表现得十分出类拔萃，仍旧无法阻止你带领大家奋力前进。

在回答以上的问题，并与自己的合作伙伴、朋友或者同事分享之后，你应当直接向团队内部对团队进行描述。对于团队的发展和团队合作而言，你这样的描述以及团队成员的反馈意义非常。同时，通过会议的形式来分享彼此的看法还能够让团队中的所有成员看清彼此之间的对这个团队的看法，包括对团队具体工作内容，发挥的职能以及整个团队面临的挑战的看法。

◇ 确认所在团队中是否所有成员都融入其中

经常会看到很多主管、管理者或团队领导者怨声载道，因为他们所带领的团队并没有朝着既定的目标发展。这种情况之所以会出现，或许正是因为领导者本身在沟通方面存在缺陷，或者缺少指令，或者团队成员缺少进取心。

根据企业领导水平委员会（Corporate Leadershiping Council）的一次研究，该研究结果表示，在来自世界各地的 5 万名样本对象中，仅有 11% 的人自信能够专心致志地工作；而 76% 的人却表示对自己当前的工作兴趣不大，或感到很乏味；剩下 13% 的人认为当前的工作极其无聊。

那么，对于团队成员，我们可以将其分为下列三种状态：

专心致志工作。

对当前的工作兴趣不大，或感到很乏味。

认为当前的工作极其无聊。

因此，我们可以说，发展团队合作的第二步就是确定团队现在的状态或者外在的表现，让所有团队成员参与其中。

在你将团队成员划分为以上三类之前，虽然这对团队的领导者而言意义重大，但还必须首先明确“参与”的定义。

◇ 参与

采用怎样的方式才能让团队所有成员都参与进来呢？

企业领导水平委员在对大约 300 家积极开发鼓励员工积极参与战略的企业

进行研究后，最终得出结论，总结出了如下的成功企业的策略：

明确目前企业所面临的最为严峻的挑战。

明确一套战略能够让管理者和一般员工都参与到企业的工作中来。

尽可能创造机会，确保员工对企业发展的积极参与。

创建一套参与机制，保证每一位员工对企业的充分信赖。

为确保工作的持续改进，将一段时间团队成员的参与程度作为考量基准。

对于管理者应该如何在自己的团队内部提高团队成员的合作程度，我们还应该做到其他的几点。

◇ **明确外部竞争**

团队所有成员如果共同面临着相同的威胁，那么将会呈现出最佳状态，成为一支百战不殆的团队。譬如，这种情形在企业并购的时候将会发生效力。在收购或者合并企业之前，企业的员工之间的状态可能会像一盘散沙，彼此之间并没有多少交集。但在突如其来的外来威胁面前，特别是这个威胁无法理解或者很难解决的时候，他们将会专注于可以应对的部分以及彼此之间相互交集的部分工作。这样看来，外来的力量将会成为企业所有成员的共同对手。他们将会相互依偎，形成一支团队，团结一致对外，共同协力对抗外来威胁。

团队成员如果共同面对着来自正面的压力，就会迅速凝聚在一起，成为一个有机的整体，并呈现出一种高效率的状态。而其中，正面的压力可能包括赢取比赛，或者营造一个优秀团队的形象。作为一支团队的领导者，可以通过明确外部环境威胁因素，或者共同的机遇来提高团队成员的参与度，利用这一诀窍来使得团队成员更加团结。

在理想企业的基础上，一位领导者和他所带领的团队成员应该意识到团队可能面对的外在威胁和机会。

◇ **保证团队成员全力以赴完成目标**

保证团队成员全力以赴的意思指的就是一纸正式签订的合同，或者是让所有成员站在一起高歌公司的主题曲吗？事实上未必需要如此，虽然我们常常能看到，在很多企业中就有这样的情形发生。在通常意义上，真实的意思是指使团队成员的价值观保持一致，同时还要与企业的目标方向相同。在"理想的企业"的基础上，团队的价值观也就显而易见了；如果这一前提并没有实现，那么再谈论价值观也是枉然。

◇ **让挑战充满诱惑力**

团队成员如果在一个死气沉沉的工作环境中工作，根本就不可能完全投入到工作中去。在过去的半个世纪里，相关研究人员对这一问题进行了多次研究，但结果均表明，如果想要调动团队成员的积极性，有几个因素必须要具备：

成就感——在自己所从事的工作中看到积极的结果是必需的。因此，需要确保员工所从事的工作可以衡量，并且最好可以由团队成员自己进行衡量。

被认可——当团队成员在自己的岗位上表现出色的时候，一定要加以表扬并加以认可，同时还要鼓励团队成员彼此之间互相称赞。另外，还需要以身作则，构建以认可为基础的团队氛围，每天至少找出两位以上表现出色的员工进行表扬肯定。

责任感——要求成员为自己的每一个行动负责，并赋予其在职责范围内的决策权。换句话说，也就意味着他们不需要向领导者汇报就可以独立进行部分决策。

趣味性并有意义——保证每个团队成员在从事工作的同时，都能感受到其中的意义，以及自己的趣味所在。采用一切可能的方法，也可以通过向成员征求意见的方式让所有成员参与进来，保持工作的趣味性。

成就感——向团队成员提供足够的机会，使其在实现工作目标的同时，也能实现在职业上的飞跃。而你的目的正是要把你的团队打造成为整个企业中最具有市场价值的团队，这一点在其他管理者想要挖墙脚的时候，就会明白其中的重要性。一旦建立了这种团队文化，人们就会排队等着你，想要成为企业中卓越的团队中的一分子。

◇ 团队建设的着手点

在上面所述的几点内容之外，领导者还需要制订一个规划和管理方案，从而为调动大家参与的积极性和配合程度奠定坚实的基础。

"对一名管理新人来说，要想获得成功，靠的不是个人努力，而是整个团队携手共进，勇往直前。"

◆ 管理团队要点：懂得激励下属

老话说得好："如果你不能激励别人，你可以创造一定的条件，从而让对方调动自己的积极性。"

再思考一下，你的表现是否得到别人的认可？

◇ 激励下属第一步——认可

每个人都希望能够成功，自己所在的团队能够取得成功，自己为之奋斗一生的事业能够取得成功，或者自己供职的企业能够获得成功。而在平时，我们也会代入某些运动员、队伍、演员或艺术家的角色中，将自己想象成为与之息息相关。当这些人取得成功的时候，我们就会欢呼雀跃，沉浸于成功的喜悦中。而工作上也是一样的，我们希望自己的工作取得一定成就，希望自己所在的企业不断发展。而最让我们欣慰非常的是，当我们做好某些有意义的事的时候，所做的贡献被他人所认可。我们希望自己取得成绩时，能够得到来自于自己所尊敬的人的认可，因为这样的认可正是每个人一生的追求。

早在 20 世纪 40 年代，劳伦斯·林道尔曾做过一项研究，而该研究结果却令人感到非常意外。在所采访的主管及其下属需要回答"员工的激励因素是什么"这个问题：

员工首先将其定义为"出色完成工作时，给予认可"，而其次才是"参与感"。然而，主管们却选择将"给予认可"和"参与感"这两项分别排在了第 8 位和第 10 位。在他们看来，员工最终是薪酬问题，然后是工作保障，其次才会是晋升机会。

而事实上，表扬在很短的时间内就能完成，不会产生任何成本，但却会给予我们无穷的动力。正如著名的管理学作家罗莎贝斯·莫斯·坎特曾经说："报酬是被雇用者的权力，而认可则是来自雇用者的礼物。"

对于一名管理新人来说，是否最近曾受到来自上司的认可？有否受到过来自他人的欣赏？可以做一下下面的一个小测试。在过去的一个星期中，你曾经有否：

向别人诉说自己在工作中的出色表现？

发现工作表现出色的员工？

在取得成绩的时候，没有和团队成员抢夺功劳，而是将胜利的果实和大家一起分享？

就自己所取得的成就向他人表示感谢？

将自己从别处听到的表扬转述给下属？

你需要经常做这些简单的事情，只有这样才能使你对他人的出色工作表现给予适时的认可。

但现实中，往往很多领导者会出于个人的原因，或者企业的原因，而无法按照上述这种方法来进行。所以，并不是不能做，而是不去做。

个人的原因方面，因为我们当中的很多人在当面表扬别人的时候往往会感觉到尴尬，可能会觉得有些不好意思，或者是想当然地以为这些都是别人的义务，并没有必要去加以赞许或表扬。

而关于企业的原因，可能会是出于企业文化因素的考虑，会让领导者们在表扬别人的时候望而生畏，或者一些技术让领导者无法对其他人的工作给予认可。例如，科技已经发展到了可以改变我们工作方式的程度。而邮件和文本已经取代了人与人之间的直接交流，这使得我们难以发现别人出色的表现，一旦看不到，就更不可能去表扬了。

管理者可以尝试采用下列 6 种方法，使表扬他人成为自己的一种日常生活习惯，并有效地激励下属。

积极发现他人出色的地方，并就此大加赞赏。

善于也乐于认可别人，并让自己的表扬别人能够看到，因为这是一件非常简单的事情。

和其他管理者进行经验交谈，就表扬优秀员工的方式进行探讨。虽然这件事看起来可能会很艰难，但是会让人受益匪浅。

对于下属出类拔萃的表现，可以采用写便条的方式表达自己的感谢之情，这一点电子邮件是不能取代的。

鼓励团队成员彼此之间互相表达谢意，同时向你汇报其他同事的出色表现，并由你上报给领导。

致力于构建成一种表扬文化，让对他人的表扬成为日常工作的一种习惯。

其实，最重要的还是在于管理者对员工，以及员工之间的高频率、及时地对出色表现的表扬。虽然这件事没有必要被写入公司的规章中，但大家可以通过潜移默化的方法将其转化为企业文化的一部分。

而表扬必须要发自内心，这一点也很重要。一般来说，虚情假意很容易就能被人所识破。那么，在表扬的时候不能无缘无故就这么做，只有在对方工作表现确实优秀的时候才可以做出。

◇ 除了认可，运用其他调动对方积极性的因素

通常，我们会因为工作而感到心潮澎湃，精神振奋，或者全身上下充满着活力吗？原因只能是，在工作或者进行项目的时候，对于工作的各个方面，包括工作的进行方式都了如指掌，不会因为工作中那些缺乏安全感或者心存嫉妒的上司从中阻碍而郁郁不得志。一旦聊到这个话题的时候，就会不由自主地兴奋异常，因为自己能够回忆起那些在工作中干劲十足的情形以及当时的状态，这就是一种很让人欣慰的感觉。

作为一名管理者，通常，你是否会有意识地去为自己的下属创造使其干劲十足的条件呢？

从经验上讲，正是因为在通常情况下，管理者每天都会很忙，所以他们很容易就会将创造条件这件事丢到一旁。

现在，大家可以这么做：

回顾一下，在工作中自己表现得干劲十足的时候。

明确自己的动力来源。

在一张纸上整理出所有的原因。

为给下属创造上面总结出来的条件制订计划。

沃顿商学院一位教授总结过去 20 年里的经验，在管理发展论坛上为管理者提出了这样的要求，并让对方根据工作中遇到的具体情况，总结出调动员工积极性的因素。通过比对，看看所采取的调动下属积极性的机制是否相差不大。

自主权：让那些对项目真正感兴趣的员工们掌握对于整个项目或项目的某个方面的自主决定权。

责任感：让员工参与到制定目标的过程中来，通过引导使其对自己所完成部分负责。

认同感：在员工取得一定成绩的时候，可以加以表扬认可。

发展机会：提供让他们的专业技能得以发挥的机会和条件，使其能最大限度地发挥自己的知识、能力。

然后，再归纳出一些对员工积极性产生消极影响的因素。通常情况下，这些因素会让人恼怒而使得原本士气高涨的工作环境变成一个死气沉沉的环境。这些因素包括：

相比对员工的辛勤努力没有做出积极认可的领导者，那些总是坐享其成，甚至抢下属功劳的领导者，后者更加让人厌恶。

缺乏相互之间的合作，团队就像一盘散沙。

领导者总是用降职、解雇来威胁员工。

相比于其他公司或其他行业的员工，薪水毫无竞争力。

◇ 兼顾"激励因素"和"满足因素"

激励因素和满足因素同等重要，并没有高下之差。前者能够充分调动员工

64

的积极性，但一旦员工觉得在某种角度上，某个满足因素出现恶化或偏差时，他们就会变得不再那么积极，甚至会产生失落感。譬如说，在员工干劲十足的时候，发现自己的工资在行业内并不高，或者在这份工作中没有发现安全感，这时候失落感就会乘虚而入，也即是说那些激励因素并没有发生作用。

我们可以换个角度来讨论这个问题。满意因素并不能直接带来员工的积极参与，但能让员工保持在某个平均水平上。因此，无论管理者在满意因素方面下多大的工夫，员工还是不会更加积极地参与进来。在此基础上，加入激励因素才能让其上升到积极层面。

对管理者来说，应该不断地在激励因素和满足因素两方面多加注意，这样你才能让员工的积极性得以提升，从而达到我们最初的目的。

我们可以重新再审视一遍根据管理者的反馈总结出来的列表。不难看出，在描述自己干劲十足的工作经历时，完全印证了弗雷德里克·赫茨伯格所归纳的5大激励因素。而同时，当谈到最让自己恼怒的要素时，在管理者的列表中出现了2个满足因素——金钱和上司的管理方式。

第五课 管理关系（Relationship）

——协调好各方面关系是领导水平的重要体现

如何才能成为一名卓越的管理者呢？一个举足轻重的因素是：能否在自己不具备职权的情况下，调动其他人员来完成一项任务，这些可供调动的人员包含你的领导、同级管理者、其他同事、顾客及供应商⋯⋯到了社会分工职责明确的今天，这个因素也更加重要。有这样一群人，被人们称之为"兼职人员"，尽管他们也没有能够发号施令指挥别人做事的权力，却具备非凡的影响力，这当然是因为他们在自己的领域都是专家的缘故。

◆ 管理关系支持领导水平案例分析

德林是副经理，在一家金融公司就职。她是摩尔遇到的最聪明的人，知识渊博，学富五车。假如你与她的意见相似、兴趣相投，她喜欢倾听你的谈话。假如你和她的意见背离，她会和你不断争论，毫不动摇地坚持自己才是正确的。当然她也会经常地举出事实或数据来证明自己的观点，假如你还心存疑虑的话，她就会很快表现出一种"不屑一顾"的神情。同时，德林的耐心相当有限，假如对方发表的意见不能和她的想法不谋而合，她就会很快变得不近人情。你会发觉到她完全就没有考虑你所说的话。最后结果就是，德林很少说动别人，或者是影响到别人。人们也许会因为她的聪明能干而对她表示尊敬，可同时人们会对她望而生畏，经常刻意地和她保持一些的距离。德林也能感觉到大家对她的淡漠，因此她把自己封闭起来。若非抓到一个机会去想要改变别人对她的看法，不然她就会一直困守在她的世界里。可是她所有想要影响别人的举动通常都是舍本求末，因此她很快就不再有所坚持。

回过头来说说伊莎贝拉。伊莎贝拉和德林是同一家家金融服务机构的同事。她是个培训经理，最近刚成功地说服公司每年在培训方面多投资 200 万美元。为了达到这个目的，她花了长达两年的时间来四处说服别人。刚开始，伊莎贝拉建议高级管理人员提高工作人员培训方面的投入时，对方的回答不容置疑："以从前的经验看来，培训是浪费时间的表现。人们会使用自身的力量，或通过其他同事或主管的帮助，收集自身必须的知识和技能。"尽管上级的答复让伊莎贝拉有点失望，可是她并不放弃，反而从容坚定地采取一切办法来继续，最终让别人的看法有所改变。

伊莎贝拉做的第一件事就是和高级管理人员进行会晤，征询他们刚进入公司时的培训经历。她询问了对方很多问题，然后很有兴趣地倾听对方的回答。很快她就确定了这些人经过的哪些培训产生了消极的作用，由于她自己也是过来人。她还咨询了高级管理人员，让他们描绘自身在未来两年中想要达到的商业目标。以此为根本，伊莎贝拉进行了一次相当有成效的演说，这次演说包含了很多新颖的、执行有效的培训策略。她还提议公司应该采用这些培训策略来提高公司的财政收入。伊莎贝拉相当小心地比较了其他公司的培训项目，重点说明这些公司是怎样利用培训投资积极创收的。而这一次，她得到的反应变得开始积极了。尽管高层还是没有开出保票，可是他们允诺在下个季度的财务报告出来之后，会认真参考她提交的方案。

简单说来，高层将这个方案搁置了一段时间，在过了几个月的时间终于开始认真思索。在这段时间里，伊莎贝拉一直在开展其他项目，依旧会时不时地和她的上司会晤，征询自己的方案到底推进到什么环节了。一年之后，高层管理人员终于相信伊莎贝拉的方案有很多值得参考的内容，可是他们为培训项目拨出的资金和伊莎贝拉的期望值差别很大。尽管如此，伊莎贝拉还是相当感恩地接受了这"毛毛雨"。靠着这些资金，她开展了一系列试验性项目，这些项目广受欢迎，伊莎贝拉有了珍贵数据来支持她的方案。最终，高层还是意识到了培训的实效性，他们全部满足了伊莎贝拉开出的要求。

再看一个例子：

比伯是一位顾问，当他刚进入这个行业时，一个商业伙伴这样对他说："比伯，你在这个行业拥有丰富的人际资源，还有很多人慕名而来，这种影响力资源对企业来说如同宝藏。"其实比伯并未意识到这些优势，他只是简单地喜欢交朋友而已，他的目的只是想在这个行业获取尽可能多的专业知识，同时为别人提供有力的建议。

明显的是，比伯在无意中建立形成了自己的人际关系网络。直到现在，每当他想起这些难得的经历，都能想起一些朋友跟他征求建议的情景，他都毫无保留地给别人提供建议，这种事情经常发生。他的人际关系网给自己带来最大的利益在于：无论何时，只要他的上司或管理决策高层人员遇到跟顾问业相关的难题，他都能够找出答案。原因很简单，他只需要一个电话咨询自己的朋友就可以了。

◇ 分析

第二个例子中，在比伯刚刚进入顾问这个行业时，他的人际资源就有了发挥能力的机会，因为他的朋友能将他推荐给潜在的客户。这些人不仅能为客户推荐他的专业知识，还能推荐他的人品。建立人际关系平台，这跟建立社团相似，让一些志同道合的人因为共同的目标走到一起。

在第一个例子中，他们的故事告诉了人们什么问题呢？

德林依靠的是自身的技能，而伊莎贝拉采用的则是一种全面性和战略性更强的、思考更加完善的策略。

全部策略中有什么因素能够起到影响他人的作用呢？

两大因素决定了人们影响他人的能力：

1. 人们在和他人打交道的过程中表现出来的行为——你有没有注意到德林和伊莎贝拉采取的行动，还有这些行动造成的影响？

2. 人们采取的影响策略，包括短期策略和长期策略——只有伊莎贝拉结合了长期策略和短期策略。德林只是肆意而为，没有采用任何策略。

除了人们生来就有的人格魅力以外，行为就是实际的代言，也是会影响他人的能力。这些行为和人格魅力之间毫无任何联系。

人们能够清楚认识自身所具备影响他人的技巧和提高自己影响他人的能力。你只要更为合适地采用这些技巧，也就是在应用的过程中要根据实际情况出发。需要突出强调"从实际出发"这一点——由于在一些特定的情况下，不同的技巧产生的效果有所区别。

◆ 如何让影响力带来最大的利益

有人曾经说过这样的话："只要你观察那些善于影响别人的人，会发现他们通常会得到一个好处赠送。他们经常会毫无知觉地影响到别人向他们靠拢，原因在于他们传递给身边人一种'只要他们在，全部的问题都能得到解决'的意念。坐在办公室里毫无对策，只能求神祈祷保佑事情发生转机可不是他们的作风，当然他们也不会抱怨自身缺乏能力，更加不会责难他人没有提供帮助。他们善于发现工作中需要改善的地方，接着一马当先地动手解决问题。"

◇ 如何影响别人

那么，到底该怎样影响别人呢？

资深人士认为开始运用自身影响力最管用的方法就是在交际行为中多使用一些破冰手段，像反思型行为和提问型行为。在推进这些行为、开发自身能力的过程中，你就能够开始运用坚持型行为和建议型行为了。

需要利用破冰手段的原因在于，这些技巧的使用能帮助你轻松进入他人的世界。这样一来，你会有机会使用自身的影响力去吸引对方，由于你明白对方的兴趣和想要的到底是什么，在交际的过程中能够切实从这些兴趣和需要启程。

假如有人正饱受某个问题的折磨，你就可以开始反思型行为的训练，首先你要做的是和他们展开谈话。而要想专心地倾听对方想要表达的信息，你需要做到以下 6 点：

1. 真心诚意，专心倾听，不要随便下结论，也不要表达自己的观点。

2. 倾听的过程中要有所回应，比如"嗯"、"好的"、"我明白了"等，或者用点头的方式来告诉对方你对他所说的内容相当有兴趣，激励他继续说下去。

3. 在适当的时候重复一遍对方的话。

4. 理解对方说的话并说出自己的认识。

5. 询问对方就这个问题的真实感受。

6. 用自己的语言来把对方带来的感觉反应给对方。

假如发现对方与自己的意见背离，还能尝试使用以找寻事实为目的，而不是要用不给对方台阶下的方式来获得信息，因此，你需要采取的应该是如下的方式：

1. 善于使用以"怎么"、"什么"、"什么时候"、"哪里"及"为什么"开头的问题。

2. 懂得如何使用开场问题和结尾问题。

3. 你所提出的问题应该以找寻事实为目的。

4. 就提出建议或观点是出于怎样的原因或理论跟对方交换意见。

◇ 如何打造属于自己的关系平台

人们可以从和他人的讨论中增加实施反思型行为和提问型行为的频率入手，打造属于自己的人际关系平台，再制定安排并进行维护。

1. 打造人际关系平台绝对是一些人的拿手专业，你需要和这些人经常联系，由此扩充自己的关系平台，原因在于他们会帮你做到这个地步。

2. 在打造关系平台时投入全部的精力，你需要记得的是，建立人际关系平台的原则之一就是不间断地付出，现在开始，你必须为此投入更多精力。

3. 假如有些人让你念念不忘，甚至还曾经请你和他们一起喝咖啡或共进午餐，赶快和他们取得联系。

4. 跟你的上司索要公司其他部门人员的名单，一一打电话给他们，再安排会见。

5. 安排你自己和部门或公司的重大客户、供应商进行谈话。

6. 按时参与专业或行业活动；在每次活动中都坚持和至少两个人取得联系，然后和这些人电话联系，最后谈话。

7. 选择特别兴趣小组参加，假如你的时间不允许，可以主动要求在他们的聚会上开展交谈。

8. 每个星期为你的人际关系资源增加一名新的成员（在过去的 6 个月中，有些资深人士一直在采用这种方法，现在他的关系资源已经增加到 253 名成员了。人与人之间会交换意见，如此一来，这个关系资源就能够永远增加下去）。

9.将你的关系资源进行分类。在你开始开拓自己的关系资源时，必须要留意到内部人员和外部人员的平衡，这一点是相当重要的。

还能将你的关系资源中的人分成以下几个类型：

A. 任务/技术/专业型——帮助你增加自己的专业知识，提高你在本行业的声誉。

B. 事业型——帮助你在自己的事业上开发潜力。

C. 社交型——帮助你更好的生活。

10. 保证你的关系资源在内部/外部之间和任务型/事业型/社交型之间达到均衡。

11. 建造一个日记系统，保证你每 3 个月至少和关系资源中的成员谈话一次，在你的日记中记载每周最少需要联系的成员人数。

◆ 如何在面对问题时采取正确的影响策略

◇ 确定自己面对的是哪种情形，是情感型还是事实型

为了让自己的影响技巧更加有效，管理者需要采取的第一步就是：

明确自己面对的是哪种情形？

你想要影响的对象对这个话题抱有哪种情感？

他们是忧心忡忡还是兴高采烈，是悲伤得难以自制，还是喜悦得情不自禁？此外，你本人对这个话题怀有怎样的情感？例如你是不是也需要满足自己内在的基本需要？

如果双方对这个话题都非常敏感，那么就可以确定，你现在面对的是情感型情形。

另一方面，如果你们双方觉得这个话题是关于事实的，也就是说，逻辑和推理凌驾于情感之上，那么摆在你面前的则是事实型情形。

第一步就是决定"这个情形是属于情感型还是事实型"。正如大家猜想的一样，应对情感型和事实型情形，需要采取截然不同的影响技巧。

例如，假设你已经为人父母，你想让自己 7 岁大的小孩把自己的房间收拾干净。就算你说尽世上所有的道理，孩子还是会无动于衷。如果他不想打扫房间，你再怎么讲理也没用。虽然有些父母指导手册鼓励父母多和孩子们讲道理，但是经验告诉我们，这种情况下，应该采取一种坚持的方式，也就是我们在这里说的情感型方式，而不是事实型方式。

但是，你在让孩子收拾房间时采取的坚持方式在面对上司时肯定不会派

上用场。如果你想让上司批准一项预算，坚持己见简直就相当于自取灭亡。也就是说，这样做会产生适得其反的效果，上司会否决这项预算，或者会直接解雇你！

◇ 针对情感型情形，采取什么样的方式

我们应该如何应对情感型情形呢？

可以实施的两种情感型行为截然不同。例如，如果某个人因为个人问题来找你，你可能会实施反思型的倾听行为。但是，如果你想要达到某个目的，想要满足自己的某种需要，你就需要实施坚持型行为。

不管两者有多大的不同，它们都属于情感型情形。第一种针对的是对方的情感，而第二种照顾的是自己的情感。正是因为这样，我们才能够实施不同的行为来巧妙应对不同的情感型情形。

对于情感型情形，最有效的行为是：

反思型：真正倾听对方所要传达的信息，需要注意的不是对方具体说了什么，而是对方真正的情感。

坚持型：以一种强势的口吻来阐述自己的需要和期望。

◇ 针对事实型情形，采取什么样的方式

不管什么时候，只要你提出的是开放性的、不带有任何恶意的问题，你实际上都是在实施提问型行为。例如："针对你的方案，我想要了解得更深入一些。你为什么会提出这样的建议？"

另一方面，不管你什么时候做了推荐，提出了一个提案，或者仅仅是一个建议，你都在实施建议型行为。如果你的建议有强有力的说理，那么就会产生更大的影响。例如："在整个市场上，只有这一个系统达到了这些要求。"

针对事实型情形，最有效的行为是：

提问型：提出的问题不是为了发表某些观点，而是为了发现事实，从而从对方那里收集信息。

建议：通过 2~3 条有力的原因来支撑自己的方案或建议，从而阐明自己的要求。

为了在日常工作中能够更加有效地发挥自己与生俱来的影响力，管理者需要：首先，确定目前的情形需要实施情感型还是事实型的行为；其次，针对具体的情形选择最为合适的情感型或事实型的行为。

这一切听起来似乎非常简单。但是，我们总是会偏爱反思型、坚持型、提问型和建议型行为中的一种或几种。这 4 种类型的行为针对不同类型的情形才能一显身手。如果我们总是一味地实施同一种行为的话，会产生什么后果呢？我们过度实施某种行为的原因，可能是这种行为我们用得轻车熟路，或者觉得用起来更舒服？或者说，如果我们在不恰当的场合应用了自己偏爱的影响行为，会造成什么影响呢？

◇ 影响策略的制定与实行

除了行为之外，还可以采取或应该采取一些策略，从而对不同的对象或情形产生影响。

那么，你到底是制定短期策略还是长期策略？

有些策略可能非常具体，就是为了应对某个特殊情形而专门设计或开发的；而有些策略可能比较宽泛，其目的只是帮你在整个公司树立形象。

你的短期策略会收到怎样的效果，和你在与他人讨论这些策略的过程中实施的行为密切相关。

例如，在上面提到过的伊莎贝拉的故事中，当她的最初方案被驳回后，她建立了一个新的策略，从而让自己的方案得以通过，这些策略包括：

1. 和高层管理人员进行谈话，询问他们刚刚进入公司时的培训经历。

2. 询问高层管理人员，让他们描述自己在未来两年中想要实现的商业目标。

3. 以这些反馈为依据，提交包含了很多更新的、更加有效的培训策略的方案。

4. 建议公司应该应用这些培训策略来提高自己的财政收入。

5. 比较其他公司的培训项目，重点讲述这些公司是如何利用培训投资积极创收的。

当高层并没有完全接受她的新方案时，伊莎贝拉对自己的策略进行了以下调整：

1. 时不时地和自己的上司碰面，看看自己的方案到底进展到哪个环节。

2. 进行了一系列试验性项目，这些项目大受欢迎，同时提供了第一手数据来支撑自己的方案。

那么，我们可以看出，短期策略它可以帮助领导者寻找漏洞。如果你遇到了一个特定的情形，想要影响最终的结果，就应该专门为这个情形制定特殊策略，这一点是至关重要的。其中的一个好办法就是问自己两个问题：

如果我的方案被否决了，可能是因为哪些原因；对于这些原因，我应该如何应对？

你当然也可以这样做：

问问那些信得过的同事，看看他们对这些问题到底有怎样的看法。如果他们遇上了你这种情形，会怎么办。或者是邀请可能会对你的方案持反对意见的人，让他们在方案提交之前，找出其中的漏洞。他们的反馈可能会让你喜出望外。而且，在你最终递交方案的时候，这些人可能会和你站在同一个阵营，因为最终方案不可避免地会融入他们的建议。

　　记住一定要实施开放式的提问型及反思型行为，这样才能保证可以获得对方关于自己方案全面的看法或感觉。

　　在这些新信息的基础上，你就可以建立一个无懈可击的方案，这个方案被采纳的可能性就大大提高了。

　　另一个方面，你可以看出，长期策略在建立及维护自己的人际关系资源方面有着非常重要的作用。

　　你的长期策略取决于你在公司内部人际关系的好坏。有这样一种说法，"你就是自己所认识的人的综合体"。换句话说，如果你的交际广泛，在公司内部和社会上与他人都保持良好的关系，那么你的影响力就会大大增强。在需要帮助、指引或建议的时候，你就需要依靠自己的关系资源，向他们求助。一般来讲，只要向他们寻求帮助，他们通常都会积极地响应你的召唤。

　　之前，权力是由人们的职权决定的，这就是我们所说的职位权力。但是现在，公司的结构越来越扁平化，也越来越错综复杂，职位权力正在逐渐销声匿迹。现在，人们需要通过自己认识的人办事，而不是利用自己的职位办事。一个人具有多大的权力，不是取决于他本身的职位，而是取决于他本人。所以说，人们想要建立一个良好的人际关系平台，不仅仅是因为压力，也是因为动力。

第六课　管理会议（Meeting）

——让会议成为领导水平与执行力的中转站

通常而言，成功的领导者要拥有管理会议并带领团队进行决策的能力，为了解决企业在运转中发生的一些问题，领导者需要团队成员集思广益、出谋划策。一方面团队成员参与到会议中来，间接提高了团队的向心力和凝聚力；另一方面，领导者把握好合适的时间也让会议变得更高效，令团队成员明确自己的责任，增强工作中的执行力。

◆ 管理会议就得先管理团队决策

◇ 团队决策模式

有人曾就团队决策问题进行了研究，他们发现在团队中经常发生的一种现象是：团队管理者让团队成员找到难题的解决方案，可是当团队成员历经千辛万苦找到解决之道时，却发现自己的建议与领导制定的决策截然相反。假设执行一个决策会破坏一个团队的凝聚力，使得一个上下齐心、通力合作的团队变成一盘散沙，又会有怎样的感觉呢？到底为何会出现这种情况，对团队决策来说，这种管理战略是不是真正地符合公司利益呢？这种情况之所以频繁出现的原因在于两点：

1. 企业的管理者并未认识到团队决策的重要性和本质。

2. 管理者没有对问题发生的背景原因有所重视，只是按照自己的意愿来选择喜欢的决策方法。

由此看来，团队的决策过程实际上是一种一环紧扣一环的链式反应，链条左边是"领导决定一切，他不喜欢和团队其他人员商量意见"，而链条右边是"让所有人取得一定共识的双赢决策"。

以下就是他们根据研究所得知的 7 种团队决策方法：

1. 独裁式：领导者一般独断专横、我行我素，很少和团队成员展开讨论，或者根本没有任何讨论。

2. 协商式：当团队协商有了结果，领导者会参考协商结论来进行决策。

3. 专家式：无论团队的协商结论如何，占决策主导的由团队的内部专家来决定，或者是外部的专家来决定。

4. 折中式：用平均的方法来进行团队决策，比如使用数学方法对备选方案进行比较评估，结果采用平均值。

5. 少数式：决策时总是由一些本身拥有高职位或者特别权力的人来决定。这种少数人通常是领导层或管理层。

6. 多数式：以得到多数人的投票来表决的结论，投票的方式也许是正式的，也许是非正式的。

7. 共识式：如果团队成员事先达成共识，则全数通过该决策。

以上每种决策方法在具体的应用中都不分高下，在某种情况下可能有最适合的舞台。作为一名优秀的管理者，在实际运用中采取何种决策方法主要取决于以下几点：

1. 团队和自己面对的时间压力是多少？

2. 对整个团队来说最终决策到底有多重要？

3. 团队有没有足够的专业知识或能力来拍板最终决策？

4. 你希望多少人参与？哪些团队成员需要参与？

5. 最后也是最重要的："到底希望团队成员积极参与，还是只需要他们服从与妥协？"

在这7种团队决策方法里，"共识式"是让所有团队积极参与决策中最容易的，而其他6种方法，则代表团队成员会出于对管理者地位的尊重，而产生不同程度妥协的结果。

以下两个因素决定了团队成员参与程度的高低：

1. 认可你领导地位的团队成员有多少？

2. 对所有相关人员而言，最终决策的有效程度是多少？

大部分管理学专家认为，"共识式"是团队决策中最为合适的有效方法，他们认为原因在于，共识式决策方法最能鼓舞团队志气，这样看起来的确有几分道理。

另外，人们还发现共识式决策方法比其他6种决策方法更为严谨。想想陪审团的事例，就会明白道理所在：在法律审判中，陪审团需要做出至关重要的决定，就需要应用共识式这种相对严谨的办法。一般情况下，法律会要求陪审团以充分细致考虑证据为基础来一致作出决定。

说到准确性，目前最新的一项研究，是将法官对48起庭审的观点和评审团采用共识式决策法得到的结果，进行了数据比较后发现，只有3起案件中法官和评审团的决议相左。

这也从侧面说明了，当一个最终决议用准确、严谨及成员参与程度高低为衡量因素时，共识式决策方法才是最理想的结果。

换个思考方向来看，如果你需要的是团队成员的单纯顺从，而不是积极的参与，选择除了共识式以外6种方法的任意一种，才是不错的选择。

◇ 帮助团队在会议中成功决策

帮助团队成功决策其实不像你想象中的那样复杂，它的做法是："事先通知自己的团队成员，把自己会采取的决策方法告诉他们，让他们明白决策的重点所在。"举个例子，在某种条件下，假如你认为应该由自己做出决策，但又希望能听到团队成员的建议，便于做出最明智的决策，你可以大方直接地告诉他们。到头来你会发觉，如果你在任何情况下都能让团队所有成员得到事先通知，那么整个团队会报答你更高的参与热情，他们会更加关心整个团队决策过程及最终决策本身，直到最低限度能接受你的决策。

以上所提到的这些内容听起来都是合乎规则、言之确凿的。不过，让人有些郁闷的是，要知道每个人都有偏爱某种风格或方法的情形，而且在大多数情况下实际运用。举个例子，某培训师经常给企业等做培训，在长期的培训过程中，这位培训师结合自己的经验和他人反馈，发现自己比较喜欢"共识式"这种决策方法。作为一名企业培训师，此培训师需要让每个团队成员为最终决策持续努力，在总体上讲，这种决策方法与培训师的工作性质并无冲突。尽管如此，这种方法依旧存在一些缺点。有时候，一些人会觉得这位培训师的管理方法不够雷厉风行，也许会觉得这种方法会浪费许多时间。可以肯定的是，在一些特殊情况下，假如针对特定情况对症使用其他决策方法，说不定会更加适合。

接下来大家可以重新回顾有关团队决策的7种方法。你知道自己的风格是哪一种？这种方法到底是否适合现在的情况？是否过度依赖其中一两种，忘记了其他更合适的可能性？

我们应该仔细思考自己到底偏爱哪一种决策方法，其次，需要衡量这种偏爱是否适合现在的情况。这时需要对自己的惯性方法进行评估，有个最简单的方法，你可以抽出一段时间用于思考，回想自己和团队成员共同参与的5 场或 6 场有关重大决策的会议过程。

1. 身为领导者，你使用了什么决策方法？

2. 你觉得什么决策方法使用起来驾轻就熟？

所以有人提出这样的建议：在每次团队会议开始之前，都反复思考以上提到的各种决策方法，接着安排一下你在这次会议中进行决策时会使用怎样的办法。如此一来，你就不会在你喜欢的方法中越陷越深。一定要记得的是：要让你的团队成员清楚你到底会选择什么决策方法，还有你会采用这种决策方法的原因是什么？

重中之重在于，当你决定了要使用的决策方法之后，就要坚持到底。必须记得的是，提前通知你的团队成员，把你即将使用的决策方法告诉他们。

◇ **在会议中努力制定最为高效的团队决策**

那么，作为企业的管理者，到底该怎样安排最有效的团队决策呢？

当然，你要确定你喜欢的决策方法到底是什么，以下几点能帮助你作出决定：

1. 跟那些见过你组织会议的同事咨询。

2. 也许可以安排他们参与到你组织的会议里。

3. 假如你在团队成员中拥有不错的名声，和团队成员的关系也够理想，那就能把 7 种决策方法推荐给他们，再征求他们的意见，就你最常使用怎样的决策方法这事听听他们怎么说。

在安排对整个团队产生影响的决策前，你必须要做到：

1. 检视这 7 种决策办法，再根据具体的情况对怎样的方法最合适来下决定。

2. 把你决定使用的决策方法告诉你的团队成员。

◆ 怎样掌控会议，并让会议高效开展

有这样普遍存在的一个问题，为何如此多的会议都在浪费时间？

你是不是常常在开会时私下偷偷抱怨："这根本就是浪费时间，还有很多其他的事情需要解决，真希望自己能从这里快点消失。"这种话听起来是不是很耳熟呢？人们也许多多少少会遇到这些情况。对一部分人来说，也许就是近期发生的事情。

你大概从不同职位的员工中听到过一些怨言："现在坐下来谈论，完全就是浪费时间，绝不会得到什么结果。"为什么人们会有大部分会议是在浪费时间的感觉呢？

因为，效率低下的会议具备以下特点：

1. 会议上传递的消息其实能通过其他方式传递给员工。

2. 会议一直都是总结从前，并不是寄予未来希望。

3. 会议的主旨不确定，会议开展的目的没有交代清楚。

作为一名新任管理者，组织你的会议可以采取以下的办法：

1. 必须充分尊重团队成员了解实情的权利，没必要有所保留。

2. 清楚你的团队目前运转的情况。

3. 保证在安排最终决策之前，会通盘思考全部团队成员的意见。

4. 最大可能地发挥团队成员参与决策安排过程的积极性。

5. 处理也许会影响整个团队的问题。

6. 发挥团队成员的积极性，同时协助他们专心致志地完成手上的工作。

7. 充分发掘每一个团队成员的潜力，并向他们提供培训和自我发展的机会。

那么，会议到底是为了表达消息，还是为了处理问题？

作为管理者，首先要明白会议的目的到底是下面哪一种情况：

1. 表达消息。

2. 解决问题。

◇ **信息共享型会议**

开展信息共享型会议的目的是为了保证每个需要了解某个信息的员工，都有听到他们需要明白的消息并理解的机会。

有关信息共享型会议，每个人需要思考 3 个要点：

1. 会议有什么目的？什么人员需要参加？

2. 会议中需要传达的信息能否通过其他方式传达（诸如电子邮件等）？假如能通过其他方式，就没有开展会议的必要，如此一来，时间上的浪费就大大减少了。

3. 假如必须通过开展会议才能表达消息，那么会议的重点应放在未来上，管理者必须遵照下面的时间安排比例来组织会议：

A. 20%的时间花在关于过去的总结上，也就是让团队成员汇报消息或者工作结果。

B. 80%的时间花在有关未来的展望上，也就是在相关信息的基础上，指明未来推进的方向。

在开展信息共享型会议的时候，如果使用"二八法则"，就可以保证每个会议成员都参与到会议过程中来，而且在这个过程中知道召开会议的意义。

一定要明白，会议是属于信息共享型的，因此会议的重点应该放在分享消息上。可是，假如就某些特别问题需要安排决策，管理者应当让团队成员明白自身安排决策的方法到底是什么。

给你一个建议，假如对前面提到的这种无聊透顶的会议你非去不可，你也能对整个会议推进有所影响。你能够经常问自己这样的问题：

A."好的，既然已经明白了这条消息，到底该如何处理呢？"

B."已经明白了消息背景，到底现在该如何处理？"

换个方式而言，当每次会议陷入沉湎在过去之中时，这些问题能让人们的注意力恢复到未来上面。

◇ 解决问题型会议

开展解决型问题会议的目的是为了将全部成员对某个问题的看法集中，让他们能够参加到解决问题的过程里去，也让他们可以专心致志地开展最终方案。思考到这几点，组织解决问题型会议与组织信息共享型会议相比，要更加地困难。比如，解决问题型会议需要组织者开展更多的思考和安排工作。

组织解决问题型会议的一个优点在于，你能够通过这个经历来提升你的领导能力。几乎可以这样说，假如你越是一个精于组织解决问题型会议的人，团队成员就更容易认同你的领导地位。你的下级会从你组织解决问题型会议的表现来给你的能力打分。比如，他们也许会在私下询问这样的问题：

1. 这个领导能不能让团队成员积极地参加到解决和分析问题的过程中来？

2. 这个领导能不能尽心听听每个团队成员的心里话？他是不是自以为是、

顽固不化?

3. 探讨过程是否尊重每个团队成员的想法?

4. 这个领导能否抓住重点问题,一并就这个问题有所解释,让每个团队成员都能明确地认识这个问题?

5. 这个领导能不能稳妥地处理会议流程中爆发的冲突?

6. 这个领导是否经常对会议流程有所总结,帮助团队成员明白会议对什么内容展开了探讨?

7. 他对时间的应用效率重视吗?

8. 最后的决策能够改变成员的参与热情吗?

对解决问题型会议来说,以下 3 个要点值得思考,这样才能确保整个会议高质高效:

1. 这个会议有什么目标?哪些人员应该列明在邀请名单上?成员需要处理什么问题?分析和解决问题的过程中需要与哪些成员产生关联?要开展最终决策又需要哪些成员的参加?

2. 打算使用什么决策方法?要记得,假如是解决问题型会议,通常需要使用共识式决策方法,毕竟需要所有与会人员的参加。当然还需要思考,在开展最终决策的过程中,你是否需要所有团队成员的参与?

3. 如何安排这次会议?是你主持,还是请求其余员工共同主持?你是否需要别的员工来替代你主持会议呢?

与信息共享型会议比较,解决问题型会议常常不能完全发挥作用。因为这种会议容易把注意力放在过去的事情上,却疏忽了"事情究竟该怎样处理"。

可是,解决问题型会议不管从风格还是从内容上来讲都和信息共享型会议差别很大。在信息共享会议里,作为团队的领导者,你对整个团队有全部的领导权,你需要传达一些消息,他们需要倾听和理解。尽管面对的问题不同,参会人员在会议上一样会进行很多讨论，可是由于会议的目的是分享信息，因此所有成员都会认定你对话题讨论和全部团队拥有实际的控制力。只要你做出决策，他们经常会服从。

可对于解决问题型会议，你的功能更偏向于一个推动者——等于说，你在推动一些行为的产生。能够成功地安排解决问题型会议，重点在于管理者安排会议的形式如何，与这个管理者自身的领导者地位一点关系也没有。

在确实讨论怎样组织这种会议之前，人们应该认真研究有关"推进"这词的含义，这件事必须进行，因为你对这个词的看法也许会影响你安排会议的形式。

"推进"一般代表着：

1. 让事情变得容易。

2. 让事情变得可操作。

3. 让全部过程顺利。

4. 提供支持、帮助或援助。

所以，作为一名领导者，你应当在推进某项活动时下决策，到底该使用什么方法来发挥你自身的领导作用。你能够决定由你来促进全部会议进程，也能把这项任务转交给别人办理。也许有些时候，让别人在会议开展的某个环节发挥领导作用，而你在会议的其他环节发挥领导作用是更为合适的办法。你应当怎样决策？

◆ 如何管理会议流程

1. 在开会前让与会人员完成准备工作——在正式开会之前，让大家进入会议状态

让每个团队成员都在开会之前对会议主题进行思考。这样做不但可以让每个团队成员都深入明了会议主题，甚至还有助于让所有成员在会议上提出最好的想法和见解。

让每个团队成员都提前几天开始入手准备。能够向大家提出一个与会议密切相关的问题，接着让他们填写自己的答案，带上他们的笔记记录会议。

关于会议准备工作的问题应当假定问题已经获得解决——换句话说，要把情境设定在未来。有人在下面举例了一些有关指导准备工作的问题，面对的是3种不同类型的解决问题型会议。在这些问题的基础上进行改进，让它们能够契合你的会议要求。

面对解决内容型和流程型问题的会议，到底该怎样准备问题呢？

比如，假定一个电话服务部门需要征询同事的意见，看看怎样才能提高部门的服务水平，管理者应当提出这样的问题：

假如在过去的一年当中成绩突出，还从顾客那里得到了相当积极的反应，说明你们提供的服务在一年中一直处在先进水平。

（1）你们实际进行了哪些工作才获得了今天的成绩？

（2）你们面对着哪些问题和挑战？

（3）你们怎样解决这些问题，怎样面对这些挑战？

面对安排团队计划的会议，应当怎样准备问题？

面对那些需要在会议上安排团队计划的情况，人们可以使用相似的形式来准备问题。比如：

3 年前，大家一起给团队安排了一个战略策划。尽管大家在实际的运行过程中需要不断做出改变，但是总体而言，整个策划的效果还是相当理想的。当时，大家确定了团队的优势和劣势，还有未来 3 年面对的机会。另外，大家还确定了在通往成功的道路上可能遇到威胁。

（1）你们利用了哪些优点，让方案在过去 3 年中实施成功？

（2）你们发现了哪些缺点，又是怎样弥补这些错漏的？

（3）你们发现自己的团队面临着什么机会？又是怎样最大限度地利用这些机会的？

（4）你们在通往成功的道路上，遇到了什么威胁？你们当时使用了哪些决策成功地面对这些威胁？

（5）在过去的一年中，你们怎样确定应该进行哪些改变由此保证计划的成功实施？你们又是怎样进行这些改变的？

有关培养团队成员工作能力的会议，又应当怎样准备问题呢？

有关培养团队成员工作能力为目的的会议，你能够把下面列举的问题进行修订，来满足自己的特别需要（注意，这个会议召开的时间是 8 月）：

假如现在已经到了 11 月。你们在 8 月的时候召开了一次有关人员培训和自我发展的会议，打算通过这次会议让每个团队成员都能更好地操作新的系统。当时，会议由门德斯主持，他是他们企业内部的专家。

（1）你们每个人为会议的成功做出了什么贡献？

（2）你是怎样帮助门德斯成功组织会议的？

（3）你们最后是怎样在衡量成功的标准上统一意见的？

没错，这种立足于培训团队成员工作能力的会议通常需要专业人士投放很多精力，由于在那些你希望自己的团队成员有所发展的方面，他们已经在这些方面相当有竞争力了。你觉得自己的团队成员进步的空间越大，全部会议的指导意义越需要确定。可是，假如提前跟参会人员提问以上准备问题，会为促进全部会议进行的发展打下扎实的基础。

2. 明确会议的流程

假如你第一次组织解决问题型会议，聚集了全部的团队成员。你被提拔为管理者，但是从来没有安排过这种会议。团队成员对你不够认识，并且之前也从来没有参与过这样的会议。在这种情况下，你就需要和团队成员开展讨论，由此明确会议推进者需要发挥的作用。在初次会议中，会议推进者很自然地需要由你来从事。但在之后会议中，你也许会让某个团队成员或某几个团队成员来负责促进会议进程的任务。这样，第一次有关会议基本程序的讨论就相当重要。比如，你能够在会议刚开始的时候，就向团队成员提出以下的问题：

（1）回想一下你参加过的会议和培训，思考那些让你觉得获益良多的会议和培训：

会议的推进者或培训者做了什么事情？

参与人员做了怎么事情？

（2）让团队成员尽快填写他们的答案，然后从中选择出你认为对全部会议最为重要的因素，可以从两个因素出发：

从推进者的角度出发。

从参加人员的角度出发。

把每个人的观点都列入参考方位，接着列出两份名单（最好采用活页纸，因为在以后的会议中也能够用到）。确保在整个会议进程中一直坚持你作为推进者建造的基本流程。一旦其他成员开始出现偏题的可能，就应当立刻用活页纸提醒他们，提示他们之前确定的那些基本程序。

将这份基本程序予以保留，方便在以后的会议中再次使用。开展每次会议时，你都要和团队成员确定一下，看看是不是所有人都同意这个基本程序，还是有些人想要对基本程序进行一些改变。

慢慢地，你就会发现基本程序是多么重要。比如，在会议刚开始的时候就开展有关基本程序的讨论，这就寓意着在开始进入会议主题之前，就已经让整个团队参与到决策制定的过程中来。事实上，这个举动本身也涉及了流程管理，流程管理是有效组织会议的先决因素。

3. 在会议开初就让与会人员参加到讨论中来

开场白要简洁明了，避免长篇累牍。简短的开场白之后，就果断进入有关基本程序的讨论中。必须要保证所有团队成员在会议初期就有参加讨论的机会。你也许会发现，那些外向型员工会立即参加进来，因此，要尽快让那些内向型的员工也加入到讨论之中，这一点是相当重要的。如果想要达到这一点，有一个办法就是向那些寡言少语的员工进行提问。比如，你能对一个人说："西斯先生，有关准备问题你如何回答？你能否和大家诠释一下你的定论是什么？"

有关调动团队成员参与热情的 3 个方法如下：

（1）为了让团队成员最大可能地参加进来，能够让团队成员以小组为单位展开讨论，然后在整个团队范围内进行讨论或反应。假如团队的规模太大，这个方法的优点就会脱颖而出，因为这样做可以让每个团队成员在会议最初就能参加到活动中。比如，你能将整个团队划分成几个小组，再让每个小组开展有关准备问题的答案。让他们在 5 分钟之内列出 3 点内容，再向整个团队开展汇报。

（2）在会议进行时，应当征询所有团队成员的意见，再把它们全部列在白板上或活页本上。请注意，将所有团队成员的意见依次罗列出来是相当重要的。首先，每个人都能对别人的观点一清二楚；其次，这样做有助于吸引团队成员的兴趣，让所有成员专心一致，同时还能防止会议偏题。

（3）并非每个人都能够表现自己，并非每个人都能侃侃而谈，把他的观点诠释得明明白白。开展准备工作对那些表达能力相对薄弱的人有所帮助——能够邀请全部的团队成员一起分享他们事先准备的答案，因此对整个会议回馈他们的力量。然后，你就能够给帮助那些不善于表达自身的成员予以援手，采用提问的方式让他们面对某个方面细致地说明他们的观点。

4. 采用提问的方式让群众开展积极的讨论

你应当先把这些问题准备好。通常情况下，建议大家准备能够在会议上提出的 15 个问题。为何是 15 个而不是 14 个或是 13 个？没有什么研究结果能够证明这个数字，也没有什么科学道理可讲。可是按照多年的经验，你在会议上不但要问出优秀的问题，同时还要防止被有些参会成员问得无话可说。必须记得，你才是会议进程的促进者，所以团队成员也许会提出很多问题，在会议的全部过程中，群众的讨论会非常热烈。

除了你准备的问题之外，还有相当程式化的问题和话语，你一定要熟练。这些问题或话语不但能够帮助与会人员更加投入地参与到整个讨论过程中来，同时还能够让讨论的消息更加真实。

5. 常常对会议的进程有所总结

防止在会议的进行过程中偏题是相当重要的。这可以充分表现会议组织者优秀的流程掌控能力。

在会议进行中，把大家统一定论的观点依次写在活页本上，再把这些观点张贴整理，让所有与会成员都能够看见。这样，就可以让大家明白会议重点在什么地方，同样也能够总结会议内容。作为会议的推进者，你也能通过这个举动而取得一些益处，因为你可以经常地回溯这些观点，提示大家到底谈到了什么内容，同时强调大家已经统一定论的重要观点。

6. 鼓励团队成员负责最终决策

假如所有与会人员都全部通过了一个意义深远并切实可行的方案：

(1) 必须要确定这个方案以总结的方式依次列明在活页纸上。

(2) 在每张活页纸上再增加两个竖行，一个竖行明确行动实施的具体时间，另外一个竖行明确行动实施的负责人员；在实施决策的过程中，最好让所有的团队成员都参加进来，这点是无须置疑的。

(3) 在第一竖行，就是时间这行，让团队成员为每个目标的完成时间确定一个具体时间；假如全部团队成员都就时间达成统一，再让你的团队成员毛遂自荐地承担职责，确保决策中的条例都会得到实施，最后，把这些成员的名字填到"人员"这个竖行。

(4) 在完成这个工作后，人们实际上就能够通过会议找到了处理某个问题的具体行动细则；应该把这个行动细则整理规划，形成书面文件，最后在会议结束后立即分发给所有团队成员。

必须注意：一定要防止避免"上级分配"问题，所有管理书籍几乎都在支持由团队的领导者给团队其他成员分配任务，但解决问题型会议能够让其他团队成员也有"感受领导者职位"的机会。团队成员能够使用这个机会，把你的名字写进"人员"一栏，让你负责一个事项的具体操作。

身为团队的领导者，假如你在组织问题解决型会议的过程里，发现你的名字在"人员"这一栏的前三条中出现了3次，你就能够这样说："好，我可以负责这3件事，但是其他的，不在负责范围之列。假如其他方面还需要负责，那就自己去做这3件事。"

第三部分

领导层级
——如果你是……

社会组织纷繁复杂，管理岗位千奇百怪，因此身处管理岗位的领导也是形形色色的。不同的岗位有不同的层级，不同层级的领导拥有的管理权也不尽相同。因此，针对不同的领导层级，必然要采取不同的领导策略。只要你身处领导岗位，就必须明白你的管辖范围、拥有的权力以及领导方法。

第七课　如果你是一位团队主管该怎么做

实际上，初次担任团队主管想要取得成功需要一个重大的转变，就是说他们的工作成果不是通过自己亲自实施取得的，而是通过下属和团队的努力得到的。就算他们也许意识到这种必要的转变，可是从他们的行为表现来看，心理上并没有适应这个过程。典型表现在他们在自己擅长的方面直接介入下属的工作。比如，某位投资银行的团队主管，也许亲自组织某项复杂的交易，而不是放手让下属去做，他喜欢在人们面前展示自己这方面的能力。还有一种情况是，当他们不满下属的工作方法时，喜欢亲自去做，无形中与下属产生了竞争。

◆ 团队主管转型实践案例

新任团队主管在初次转型时会遇到什么困难呢？公司又应该如何帮助他们转型呢？以下两个真实案例展示了一位新任团队领导又是如何面临挑战和努力适应转型过程的，在缺乏领导必备的技能时又是如何开展工作的。

　　达利是一家大型制药公司的地区销售团队领导，他也把升职看成是一个机遇，不但能赚更多的钱，也能提高在公司里的影响力。虽然达利很喜欢之前的销售工作，但他还是接受了公司向他提供这个职位的意向。尽管先前的工作有极高的自主性——大部分时间出差在各地，与形形色色的病人、医院管理者打交道，不用长时间坐在公司总部办公室。

　　作为一个管理 8 位销售员的销售团队领导，达利将大量的时间花在观察销售员的工作、招聘和培训新人、与其他销售团队主管会议交流、写大量的书面报告（评估、报告等）。失去自主性让他感到难受，大量的书面工作也令他雪上加霜，销售签单带来的心理满足感已经烟消云散。达利在销售团队领导的岗位上苦闷了两年，他的下属也倍感苦闷，原因在于当他们渴望得到建议指导的时候，达利并不能给予他们强而有力的支持。虽然达利指导某些销售人员在处理客户关系时有所偏颇，但他并不能把问题向下属们解释清楚。最初，他的出发点是帮助下属改正错误，但下属的防卫意识让他感到挫折。最终，达利辞去了销售团队领导职务，前往另一家公司担任销售代表。果然，在那里他达到了工作自主性和薪酬的双重理想值。

　　事实上，达利在管理团队中所遇到的领导水平问题是有防止发生和解决问题的办法。如果他接受了正确的培训，掌握到领导岗位上所必须的沟通技能和其他技能的精髓，他就会明白，作为一名团队领导，员工对他有什么期望，团队领导应该做什么，由此胜任领导工作。尽管达利也许不是天生的管理者，但如果能够得到教练的辅导和帮助，还是有胜任团队领导一职的可能。当达利获得很多管理经验之后，人会成熟起来，他的工作理念也会随之变化，领会到沟通和建立人际关系有多么重要。可惜的是，公司缺乏合适的评估机制来确定达利的工作理念到底是什么，对他的工作方式有多大的影响。如果公司能够做出对的评估，达利就可能进入"超级销售员"的发展规划，或者特意为他设定一个培养机制，帮助他成功转型成一名团队领导人物。

珍妮是一个成功转型的典型案例。她作为一家通信公司的程序设计员，在技术工作以及创造性地解决问题时候能带给她极大的满足感和成就感。因此，在她从事技术工作时，显得异常自信和从容；但面对人际关系时，却不是很自信，容易不知所措。没想到，三年后她被提拔为所在研发小组的团队领导。

与达利所在的公司不同，珍妮得到了公司为新任团队领导举办培训的学习机会，因此掌握了必须具备的领导能力，比方说怎样设计和分配工作。她在和人力资源部门的合作中，学会了招聘和面试新员工。尽管这些培训依然有限。当上司下令珍妮的小组开发新系统并施加了压力的时候，她忘记了自己是新任领导人，反而过多地参合到下属的工作中去，甚至要求下属天天就工作进展情况作出报告，经常命令下属听命于自己，而非训练下属找出解决问题的方法。珍妮对认为能将自己的想法灌输给小组成员深信不疑，并且认定如果自己参与到程序编写之中，任何问题的解决都会易如反掌。实际上，珍妮的包办参与打击了小组成员的积极性，抢去了下属得到指导的机会。结果他们不但没有在规定的时间内完成任务，而且开发的系统破绽连连。

珍妮的上司认为她在管理方面遇到了问题，开始为她提供教练辅导，还通过360度评估来帮助她实现领导方式的转型。当听到她过去那些非常熟悉又合作良好的小组成员诉苦自己管得太琐碎、不擅长分配工作时，珍妮感到震惊不已。再加上小组成员的评价显示了自己的管理方式对他们实现自己的目标是种阻碍。得到的反馈使得珍妮以新的视角来看待这些问题。虽然在理智上她认为管理细致是正确的做法，但在情感上已经有所改变。根据教练的训练，珍妮开始明白怎样委托权力，并要求自己努力做得好。通过教练辅导和测评反馈帮助她改变了工作观念，她最终意识到，就像她喜欢的技术工作一样，如果把自己的技术专长连同领导能力相结合，帮助下属达成任务目标，也能带给自己一样的满足感。珍妮的转型并不是那么容易的，她花了好几个月的时间学习如何有效委托权力，让下属去分担重要的工作。她的上司发现她确实在进步，也给了她一定的时间、建议和鼓励，帮助她实现领导水平的转型。

◇ 分析

处在一个大部分都是知识工作者的公司，这种转折更加重要。今天，一名才 22 岁的网络公司员工，也许明天就能成为一个公司的 CEO。他并非需要 30 年才会做到公司高层，可能只需要 5~10 年（或者更短的时间）就能做好准备。还有，知识性公司里的首任团队主管对公司的生产（有关成本效率和收入增加方面）产生相当大的影响。假如他们依然跟个人贡献者一样工作，其影响力就会降低很多。所以，一个公司只是在口头上说这一阶段有多重要是绝对不够的，使用切实的行动才是可行的办法。

为了给领导者实现转型成功提供协助，他们必须明白在领导技能、时间管理能力和工作理念方面的新要求，还有怎样实现转变。第一必须明白的是个人贡献者层级的工作技能、时间管理能力和工作理念。就比如个人贡献者的能力不断增强，期望不断增高，采用电子网络和其他方法，员工取得了无法想象的大量信息，他们有巨大的自由空间去革新，对运营结果和服务客户产生影响。可是团队领导奉行的"半军事化"管理观念，员工们就不会使用这种自由。

依赖颐指气使、小心地封闭信息和一意孤行，团队主管们无法调动员工的积极性、创造组织的最高业绩。采用掌控信息来掌控员工的时代已经一去不返了。现在，员工渴望知道过去被认为是少数人才明白的消息，渴望能参与到制定决策的经过中。同时，他们也渴望在工作方法中获得一些自由空间。简单点儿说，在完成任务的过程里，他们不但需要指引也需要自由。

领导者必须有所清醒的认知，在职业发展方面，现在的很多员工比过去的员工更加实干和清醒。他们看到了很多公司裁员，父母和朋友丢了工作，明白真正的工作保障是具有生存的能力，明白自己的职业发展规划。所以，他们期望获得职业发展的机会。

团队领导必须和新的形势与时俱进，当然这不是说说就能做到的。由于他们大多数是出身于业务岗位，善于利用专业技能完成任务，却不清楚怎样了解和满足员工的需求和期待。他们缺少团队领导岗位必须具备的处理人际关系的丰富经验。

◆ 团队主管如何实现身份的转换

他们第一必须明白初级领导工作的特点，这能帮助他们提升这方面的能力，发挥团队员工的最大潜能。

我们发现，转型可以概括为以下三个要点：

1. 规定和安排工作，包括与上司、员工沟通，要求他们做什么，以及工作计划、组织结构、人员选拔和委托工作权力。

2. 采用监督、指导、反馈、获取资源、解决问题和交流沟通，帮助下级提高胜任的能力，由此高效开展工作。

3. 树立与下级、上司和相关部门坦诚交流与相互信任的合作关系。

下面逐个解释这次转型的关键能力是什么以及该怎么做。

◇ 规定和安排工作

工作安排和授权一般不是培训的重点，公司会先入为主地认定这是管理者生来就有的技能，或是很容易掌握的技能。公司可能认为分工会自然形成（销售人员懂得地理情况，生产人员熟悉制造流程），按照这些自然分工布置工作。虽然由于工作的差别看起来容易分配的工作，其实也必须准确判断，特别是当员工觉得工作超量或者与上级缺少联系时。人员消减、工作层级缩短、公司合并甚至其他原因，都会让员工觉得他们有很多的活要干，可没有人告诉他们怎样做好。团队领导如果清楚怎样有效安排工作，就可以减少员工的不适感觉，使他们积极地面对工作挑战。优秀的工作安排不但让员工对他们所做的工作有满足感和价值感，还能让他们的专长得以展现，能力得以提高，职业发展前景远大。

可惜的是，很多团队领导由于缺少跟重点人员的有效沟通，结果在工作策划和安排时大失水准。只有依靠有效沟通，团队领导才能更好地熟悉部门的工作要求，合理安排工作，使得人岗适宜，任务能够及时、高效地完成。

对团队领导来说，听从直接上级的意见相当重要，可与同级、客户、供应商、业务伙伴和其他有关部门沟通的重要性也日益月增。比如，销售团队领导假如清楚地明白客户想要什么产品和服务，他的工作就会更有成效，可以由此来安排下级的工作，有效地满足客户的需求。

显然，沟通需要浪费很多时间，许多团队主管习惯将时间花在"做事情"上面，而不愿意浪费时间与人沟通，这将造成由于缺少充分的信息而做出轻率的工作安排。

权力委托对新任团队领导是另一个挑战。团队领导首先必须了解该做哪些工作，谁是最合适去做的人。

但放手让他人去做你非常擅长并且为你带来成功的业务，新任团队主管在心理上难以接受。通常只有当他们意识到权力委托并不代表着放弃时，他们才会选择这一步。团队领导职位要求公司给予相应的培训和指导，协助他们掌控如何有效权力委托、按时检查、工作追踪、解决问题、业绩评估、奖励机制，以及教育辅导他们的下级。

新任团队领导人还必须学会知人善用，选择合适的人做合适的事。看起来似乎很容易，可他们很快就会发现，找到能够做事的人容易，价值观、习惯与公司符合其实很困难。大多数人离职或者被解雇，主要是因为他们与公司的价值观、习惯和领导风格不适合，只有少数人是由于缺少工作必须的特定才能。团队领导们假如能机敏地认识到这一点，同时选用那些与公司风格和价值观相符合的员工，就可以极大地改进他们工作的有效性。

◇ 提高下属的胜任能力

领导水平在初级管理层级出现问题的确会使员工感受到相当大的压力。当员工感觉到惊慌失措、怨念上级未给予应当的协助时，这表明团队领导缺少这个岗位必须的关键技能。以下是一些明显的表征：

1. 把下级提出的问题看成是麻烦。

2. 补救下级的工作失误，而非教导他们怎样正确去做。

3. 不愿与下级分享成果，对他们的问题和失败避而不谈。

要协助员工就要留意他们，看他们在做什么，怎样做的，这需要投入大把的时间与精力。团队领导既需要按时与员工沟通，也需要密切留意工作流程的实践情况。他们要询问是什么问题影响了工作的发挥，什么因素促进了工作完成。监督是一个主动而不是被动的工作，只靠笔记录是远远不够的。当结果与期望达成一致时，就应当给予员工相应的鼓励，举例来说，在员工肩头轻轻拍拍表达肯定，同时给予肯定的反应意见；当结果不尽如人意时，应通过监督取得的信息进行计划调节、方法调节、加强培训，以及要求使用更多资源支撑等措施，让工作返回到对的发展轨道。

可能最简单的技能是许多新团队领导在作为个人贡献者时从来没有重视过的一个技能——亲和力。亲和力不是说让办公室大门敞开，对员工提出的问题唯唯诺诺，而是一种积极的态度，从语言到行动都表示他是一位平易近人的领导，让员工喜欢与他亲近，并随时能够找到他。这与其说它是一种技能，不如说它是一种价值观和工作方法。唯有当团队主管确信亲和力是领导水平的一个必需因素时，他们才能在行动和感情上做到亲切近人。

◇　**建立合作关系**

团队领导必须学会重视、树立三类人的合作关系。

1. 上司（包括所有层级的上司）——先是换位思考，从下级对上级一般所持的对立观点转变为理解管理者的视角。与上司建立良好的合作关系，也会获得他身后的资源、信息等支持，从而与全公司的管理联系起来，明白公司是如何运作的。

2. 直接下级——这是树立互相尊重和支持的工作关系，而不是按照个人喜好去交往。团队领导需要对下级的成功负责（反之一样）。因此必须树立一种互帮互助的关系。正直诚实是建立良好人际关系的重点。要是被他人看成是欺骗者和操纵者，团队领导将永远不能与员工建立卓有成效的合作关系。

3. 供应商、客户和其他相关人员——与对员工的要求相比较，团队领导与他们建立合作关系被要求有更广阔的视野和思路。与这些利益相关方树立起"合作共赢"关系，经常是一种新的体验。向"外部人"提供信息，或者就某些问题向其表达警告，是一件需要在认知上改进调整的事情。

◆ 团队领导管理方法

首任团队领导想要顺利地转型，必须采取有效的方法。方法有利于他们为转型做好准备，观察他们是否成功转型，帮助他们解决转型中出现的问题。这些方法之间可能有一些交错，下面逐一进行分析，来帮助公司有效地使用。

◇ 做充分准备，具体落实细节

让首任团队领导清楚地明白新岗位的要求，包括领导技能、时间管理能力和工作理念，并为他们落实转型提供必须的培训。

这一步相对容易，也常常被省略。首任团队领导必须清楚明白新岗位胜任能力的具体要求，而非空泛的要求。有些公司树立学习榜样，协助首任团队领导从身边的优秀团队领导身上学习这些技能和理念。上司应该与初任团队主管讨论怎样成功转型，并解答一切与之相关的问题。

在让首任团队领导明白岗位技能要求的同时，工作理念的转变更为重要。正如前面所反复说的，个人贡献者的重点在于专业能力，他们重视的是高速有效地完成任务，但假如首任团队领导的注意力只放在专业技能上，他们就容易忘记工作理念的改变。他们会简单地学会新岗位必须的领导技能，却不明白这种改变的真实意义。这就可能产生各种各样的问题，没有对应的工作理念作为依靠，就不可能有长久的热情、精力和创新。

培训也是实践转型的重要组成部分。首任团队领导不可能在上任之前受过全部的培训，更不用说有人协助他们改变价值观和有效地管理时间。上司或者导师应该对其进行培训和指引，让富有抱负的首任团队领导学会招聘、授权、团队建设、工作设计等技能。

◇ 监督并评估效果

明确首任团队领导在转型中有没有遇到困难，困难是什么。

有三种方法能帮助评估首任团队领导是否实践了成功转型。

1. 观察旁听首任团队领导与下属的沟通，观察他们是否展现出必要的领导技能。

2. 抽样调查通过 360 度评估、员工态度调查和其他评估工具，明白他人怎样评价初任团队主管的行为和态度。直接下属能够提供评价上司是否胜任的真实想法。

3. 差距分析询问首任团队领导对自己的领导技能、时间管理能力和工作理念的观点。将这个结果与前面的观察、抽样调查进行比较分析，让他们明白三者之间的差距。

◇ 采取干预措施，反馈信息

定期提供反馈和教练辅导，帮助首任团队领导实践转型。假如他们遇到困难，就采取措施帮助解决。

干预是解决领导水平发展障碍的必需措施。上司需要采取某种程度的行动加速首任团队领导的转型，而不是由着他们之前作为个人贡献者时的态度和行为。以下是集中有效的方法：

1. **教练辅导与反馈**

上司对首任团队领导的一对一教练辅导无可替代。尽管评估报告和课堂培训能够帮助初任团队领导提高能力，可要增强和放大这种进步：上司直接与他们谈话、听取问题并给予明确的建议尤为重要。时间管理经常使初任团队领导陷入困扰，他们把太多的时间花在具体工作而不是管理上，所以他们经常对时间管理培训辅导表示兴趣。除此之外，上司还应该把初任团队领导的能力提高作为绩效考核的一部分。

2. 向同事学习，增强合作

组织团队领导人员互相学习交流领导技能是一种行之有效的学习方法，让他们彼此沟通工作思路和感受，钻研共同关注的问题。实际工作中团结互助更能促进领导技能的进步，是掌握技能的有效方法。让下属向公司中的榜样学习也是一种相当有效的方法。

3. 会议、读书和旅行

这将帮助首任团队领导从自己的角度主动实现转型。在会议上，首任团队主管可以聊聊自己上任一个月（或更长时间）里学习到什么，这能帮助他们加深对自己转型的认识，说出自己对什么问题关注。指定一些阅读的书籍或文章也能帮助他们进一步调节自我。与上司一起外出为首任团队领导提供了办公室以外的机会，能够在一个宽松的环境中与上司畅谈他们自己面临的问题。

4. 工作调整

一些首任团队领导还没有为新岗位做好准备，他们需要重回员工岗位进行再锻炼和做些准备。另外一些从本质上不具备领导潜质，不适合承担领导职责，应当被安排在能够发挥他们才能的专业岗位上（如从销售员到超级销售员）。

必须强调指出的是，首任团队领导首先需要实践并完备他们的领导技能。具备领导能力是实现角色转变的第一步，这让首任团队领导学会有效地安排时间，意识到工作理念转变的重要性。如果首任团队主管缺少委任权力的能力或者教练辅导的能力，他们就会少花一些时间去做这些事情，而能将时间多花在他们擅长的事情上——领导练习新的领导技能，在有困惑时提出问题，并寻求他人的帮助。只要他们熟练掌握了新的领导技能，他们就会愿意花更多的时间去做，而且非常关注这些新的能力。如果首任团队主管明确意识到工作理念转变对胜任新岗位相当重要，新的领导技能能够帮助他们的团队实现目标并取得组织的认可，他们将全然接受新的工作理念。

◇ **实行上级领导负责制**

首任团队领导培训在各公司都很常见，这为他们提供了一些行之有效的领导技能，但培训不是万能药水，人力资源部门未必能开发出某种培训项目，帮助首任团队领导奇妙地实现领导水平转型。这次转变的直接责任在他的上司，上司必须学会怎样指导首任团队领导实现转型。可惜的是，上司们较少接受这方面的培训。

因为团队领导是各管理层级领导者的储备，这个问题就显得举足轻重。假如贵公司正面对各层级领导人才的缺少问题，那么它的源头就在于团队领导培养输送机制出了问题。一种简捷的评估方法是，贵公司的大部分首任团队领导是否在接受领导技能、时间管理能力和工作观念的培训与考核，他们对下属员工的成功是否尽了全责。假如没有，就说明贵公司领导梯队建设的源头出了阻碍，不要期望从基层向其他层级输送领导人才。

常见问题解决：

1. 许多公司有许多不同类型的管理职位，鉴于工作类型的不同，领导者应该如何区分？

可以参看 5 种团队主管的类型概括：

(1) 管理许多从事产品生产的计时工人的工厂领班。

(2) 管理八九个零散工作的销售人员的销售团队主管。

（3）管理约 4 名经过严格训练的下级的财务团队主管。

（4）实验室中负责一个博士研究组的团队主管。

（5）管理几名熟练技工的工程组团队主管，包括电工、水暖工、装配工、木匠。

这些管理者都做着类似的工作：计划工作、分配任务、监督进度、给予反馈、教练辅导、绩效考核、招聘和解雇等。这些工作对 5 类团队主管来说都是相同的，必须调整的只有时间分布和工作重点。

员工的专业性越强，团队主管的计划安排越要面对未来，给予他们足够的空间，让他们发挥自己的才能。对于工厂领班，必须考虑计时员工的未来发展，但更重要的是强调当时的专注和反馈。说出中心员工既需要未来的愿景，也需要在处理麻烦问题时的帮助。有关销售团队主管，既要给员工提供落单技巧的培训，也要重视产品和服务的培训。管理不同的员工，目的就是让员工自我管理，但方法五花八门。

2. 有人领导着 2~3 个下属，那这样的人算不算团队领导？

可能不是。你至少要花一半的时间在管理工作上，才算得上团队领导。如果你大部分时间都专心于从事技术工作或专业性工作，那你只能达到"管理自我"的最高级别。

3. 一个新任团队领导转型不成功的初期的表现有哪些？

第一个表现是不能有效地与直接下属合作：下属很难找到他，必要的会议太少，没有从人性的角度去了解员工，缺少有效沟通。另一个表现是不能向上司明确沟通成功的标准、主要的问题、业务的优先顺序等事项。他们处于管理的无人岛，最终造成业绩不理想。

4. 一位业务发展部的负责人，可以直接向集团战略部领导汇报工作，并且有几个下属，那么这算不算是团队主管？

不算。一个人的工作内容和汇报关系确定了他属于职能型团队领导。一个人的工作对全公司造成影响，他参与管理和助长全公司的业务。"团队领导"指的是管理的业务直接助长公司的产品或服务的开发、运营与销售的人。

◆ 团队主管要注意什么

1. 要成功实践这个阶段的工作观念转变，比通常想象中的更有挑战性。我们发现很多团队领导的工作观念都停留在"管理自我"阶段，他们依旧把大部分时间花在喜欢和关心的专业技术工作方面。所以，在把一个人提拔为团队主管之前，首先必须评估一下他们放弃部分专业技术工作，重点经营管理工作的能力和想法。通过安排组长或者项目团队领导的职位，考察他们对别人的成功负责的能力和想法。在做出任何正式决定前，评估此人是否可以从帮助别人取得成功中获得满足，并足够珍视它以获得持续努力的动力。

2. 至少每年调整一次团队主管的队伍，这是继任计划的必需要求。在这个层级上犯错，会让公司付出多种代价：产量下降、士气下降、质量问题和员工管理不力等，领导人才继任规划也将面临失败。把业务明显放到管理他人的岗位上，却没有做好相应的管理工作，这在很多公司普遍存在。团队领导是公司各层级未来领导者的摇篮，这个继任计划流程必须充分考虑这个层级，以保证每年至少一次的继任计划全面回顾。在团队领导岗位上工作6~12个月依旧不能胜任者，必须做出调整，目标是精干高效，一部分团队领导将在未来获得提拔，另一部分团队领导将在这个层级有效地工作很长一段时间。

3. 一个正在发生的、令人不安的趋势：团队领导越来越多，直接下属却越来越少，这是对业绩突出的个人贡献者给予的回报。但由此带来的问题是，对于新任团队领导来说，管理工作很少。最后，他们并没有真正学会怎样管理，空有团队主管的职务，却不会真正地管理工作。虽然他们期望将来取得新的提携，可是他们并没有对此做好充分的准备。如果管理职务代表的是地位而不是一系列的管理工作要求，公司的管理就变得"如同虚设"。把晋升作为对高绩效个人贡献者的一种回报，会给公司的管理带来莫大的困难。

4. 选拔个人贡献者担任团队领导，必须重视两项要求，一项清楚易明白，另一项相对微妙和隐藏。清楚明白的要求是完成任务、成就动机、承担重担和人际关系良好。微妙和隐藏的要求包括：学习的兴趣和能力，完全运用所学知识的能力，愿意支持同僚提出的建议并促进这些建议付诸实施，对他人的成功表达出真心的欣赏。他的上司应该注意到这些隐藏的要求。

第八课　如果你是一位部门总监该怎么做

相比于发现顺利实现转型的部门总监，及时发现在这个领导转型阶段面临困难的部门总监要容易得多。那么卓有成效的部门总监到底有什么不同呢？从他们的工作态度和行为方式上，我们可以发现这个阶段的要求是什么？

◆ 部门总监案例

在一家大型通信公司中，布朗负责一个技术团队的管理，有7位一线经理向他汇报工作。在之前的职业生涯早期，他是一个非常有雄心的人，但人近中年，就会变得更加偏向于保守和稳定。有一点要注意，对于布朗的工作，有着来自上司、下属经理和同事的全方位的积极评价。当然，这些评价并非是因为在他手下做事很舒适，或者是因为他能任人摆布。事实上，在工作上，布朗的要求很高，同时还为团队里的每个人设定了极高的考核标准。但在大家看来，布朗的这些要求完全是出于公正的考虑，并得到了他及时清楚的解析。在布朗

111

的心目中，对自己的职责范围十分心知肚明——培养优秀的经理人员。布朗总能在下属工作表现出色或出现错误时，真诚地提出反馈的意见，并且随着经验的逐渐丰富，他的反馈意见也变得更加精确而有建设意义。虽然他的反馈意见可能会让某些人不舒服，但这并不是人身攻击。对于下属，布朗非常了解他们的想法，总是能因人而异地和对方进行交流。而每当谈起下属的时候，总是能看到他脸上洋溢着的骄傲表情。在他看来，下属就是自己的成就，尤其是很多下属经理得到了晋升，并在新的岗位上表现出色时。其实，在公司其他部门，很多员工都想在布朗手下工作，因为他在培养公司未来的高级管理人方面十分在行。当然，布朗还非常善于授权，在为下属提出工作目标后，允许其自主决定实现该目标的方式。并且，他擅长选择人才，并在这上面花费了大量的时间。

出于不想搬家的原因，布朗可能会失去在公司里获得晋升的机会。但是，他全新关注于部门总监的职责履行，甘愿当未来公司经理的事业发展的领路人。

◇ 分析

我们可以通过——分析那些常见的问题来了解。

1. 假设一个小公司的职能部有 17 个主管，没有部门总监的职位。那么，怎样做才能确保自己能学到部门总监职位上的管理技能？

答：你虽然是一名职能部门主管，但仍旧需要兼顾部门总监的很多工作。所以，你在工作的同时，还应该关注帮助业务总监掌握管理的方式，并让其负责管理的工作。另外，你还要多花力气做好自己所管理的工作。然而，很不幸，因为你平时花更多的时间在参加日常的事务和产出，很少承担职能主管的职能，导致了你无法发展职能部门主管的管理技能，这也就成为了你职业生涯最大的问题。在明确职能部门主管职能的基础上，检查自己的日程表，进而确保能够留有足够时间来恰当处理职能部门主管的工作。相比在职能部门主管工作上花费的时间，你极有可能在业务总监工作上花费的更多。

2. 当你在选拔一个部门总监的时候，哪些东西是你的主要关注点？

答：第一点，寻找对管理工作有真正热情的人，也即是一位有合适工作理念的人。而对于工作理念的转变，在完成第一次后，之后的就会变得容易得多。第二点，观察对方是否表现出系统思维能力。作为部门总监，你要将其与自己所负责的业务单元相联系，并把自己负责的业务单元和同事们的业务单元相联系，掌握工作流程、工作之间的连接以及建立这些连接的方法，这对于解决问题和建立组织都非常重要。同时，部门总监必须观察整个公司，理解公司的运营方式。虽然这种能力很难教授给人，但却又非常必要。

3. 我们在做继任计划的时候，应该对部门总监这个层级作何安排呢？

答：作为第一个完全依靠管理技能而非从事专业技术工作的管理层级，部门总监是最适合跨职能调动的层级。其实，领导者获得成功的关键正是在于管理技能的提升，而在部门总监这个层级上的跨职能调动可以提升领导者管理技能水平。

4. 设置"管理经理人"成为几个层级有可能吗？在一个非常大的公司内部，是否可以在职能部门主管和一线经理之间，设置了两个层级？

答：可以。实际上，在大公司内部存在两个"管理经理人"的层级，这是很有可能的，在公司跨多个地域或者公司的员工人数非常多时，这种情况并不鲜见。但这两个层级应当以同样的标准进行衡量，其不同之处也主要在于管理的对象上。其中，较低层级的"管理经理人员"的管理对象是一线经理，而较高层级的管理对象则是低层级的"管理经理人员"。这两个层级的主要职责都是整合工作、分配资源和培训管理者，而其区别也主要在于教练辅导和发展下属的要求上的不同。

◆ 部门总监实践经验

在一家知名的电子产品工厂墙上，生产商写上了"管理经理人员"几个字，让每个人都知道一线经理和部门总监之间存在区别，帮助每个遭遇困难的人知道应该向谁诉求权利。而此前，计时工人经常越级，跳过一线经理直接去找部门总监，这就导致了部门总监直接向计时工人直接分配任务的情况。

部门总监必须要学会正确地提问。他们通常在询问一线经理一些产量或者质量方面的问题时候，实际上是把一线经理当成了"管理自我"的一线员工，使用的措辞常常是，如："你完成这个项目要到什么时候？"或者"产品质量会有问题的原因是什么？"在被问及这些问题时，一线经理会负起责任，满足部门总监的要求。通过这些问题，他们就会明白部门总监想加快生产进程或者保证产品质量。而那些因为个人能力得到很大提升的一线经理通常会这么做：恢复到原来的角色，成为"管理自我"的一线员工。这样看来，部门总监最好还是问一些关于管理和领导方面的问题。譬如说："你应该怎么做才能保证按时完成生产项目？""你属下的员工对质量标准有多少理解，又如何保证产品可以达标？"这些问题引发的不同的答案能帮助一线经理将注意力集中于正确的工作上。所以说，要向一线经理恰当地提问，不恰当将会压抑一线经理的发展。

意识到"不明确地带"将会阻碍这个层级管理者的管理工作。通常情况下，部门总监不参与公司战略和发展方向的制定，也不会亲自指导技术性工作或一线员工的工作。因此可以说，他们既没有领导公司的发展方向，也没有涉及产品的生产。也正是因为长期以来忽视了自身作为部门总监的主要职责，也即是把高层战略传达给基层员工，并将后者的执行能力向战略制定者反馈。在和上司没有充足的沟通以了解公司战略、发展方向、公司要务和问题的基础上，根本无法履行指导下属工作的智能，仅仅凭借自己有限的知识或者信息和其他人沟通。因此，他们通常被称为公司"混凝土层"。

管理深度的缺乏通常是公司对部门总监层面的要求不够的结果，这一点是必须要明白的。部门总监并没有被要求参与到开发预算或者制订长期计划中来，而是应该在一线经理的扩展方面发挥职能。提高对部门总监的要求，并赋予他们能够制定预算的实权，从而确保他们能以适当的成本去正确地完成工作，这才是这个层级的常规做法。对他们来说，参与长期计划是一项拓展，为他们提供机会表现自己能够胜任事业部副总经理的实力。但一定不能任意提高对部门总监的要求，人为地在事业部副总经理的继任问题上制造障碍。

在很多公司，从一般管理者到管理经理人员，也即是从一线经理到部门总监或者是高级经理。在大多数公司，一线经理会被安排有培训项目，但一线经理的上司却很少有被安排相应的培训项目。其中，部分正是因为公司误以为管理他人与管理经理人员之间差别不大。按照公司的逻辑，你既然能够培养出具有领导技能的一线经理，那么也就能够培养出与一线经理职务相似，虽然更重要的领导技能。还有一部分心理上的原因，部门总监常常只被看成是一种职务晋升而非重要事业发展的一个阶段。与被晋升为一线经理的欢呼雀跃不同，被晋升为部门总监通常更多的只有内心的欢喜。

然而，在领导技能、时间管理能力和工作理念方面，部门总监与一线经理都有重要的区别。一旦总监们如果做不好这个阶段的领导水平转型，仅仅是敷衍塞责，那将为公司带来严重的损失，例如人员管理将在短时期内出现混乱或不力。部门总监负责公司内部人员最集中的部门，也必须要完成绝大部分的生产性任务，那么这也就意味着他们的工作直接影响到公司的产品和服务。试着想象一下，如果部门总监不能胜任这份工作，其工作质量和工作效率将会受到很大的影响。事实上，部门总监的工作在很大程度上决定了公司的执行力和竞争优势。

从长远来看，总监们领导水平转型失败的话，将会影响他们在更高领导层级上的工作表现。在与一些缺少这个阶段领导水平转型的高级管理人员共事的时候，很容易就会发现他们缺乏关键的领导技能。而公司领导水平模型的核心品质就包含在这个层级的领导水平转型中。

◆ 部门总监授权失误怎么办

我们可以通过讲述一个领导者的转型经历，来说明一家公司是如何错失了培养的机会。

汤姆在 19 世纪 90 年代初期的时候受雇于一家大型技术公司，在公司里担任软件开发经理一职。从管理一个 14 人的软件应用部门到管理 150 人的部门总监，其属下的 12 名经理分别负责开发、采购和维护现有软件等工作。而这时，汤姆的新上司正面临着重大的转型挑战、时间期限和竞争压力。

汤姆作为一线经理时，把自己的工作做得很好，不仅接受了良好的培训，受到了 360 度评估以使自己对管理水平的认知得到提高，从而帮助自己努力克服了自身的缺点。汤姆投入了大量时间在新岗位上，他学习所主管的所有项目，了解下属员工。他发现有些重要的项目进度落后，很多下属经理不如自己优秀，团队因为士气低落导致业绩并不是很突出。

汤姆凭借着在一线经理的岗位上培养出的果断和能力，很快就采取了行动。他定期做项目检查、重新调整工作重点和配置技术专家，并因此让团队取得了一定的进展，但这些并没能让他的上司感到满意。同时，人的问题一直也在困扰着他。一群人每天早晨都会排着长队等在汤姆办公室的门口，向他请示工作以获得批准。很快，他的时间就都被占用了，汤姆无暇顾及部门预算和项目的问题。

作为部门总监，其工作重点是授权给一线经理，这正体现为领导技能、时间管理能力和工作理念三个方面的能力。汤姆非但没有授权给一线经理，相反，还剥夺了对方的权力。他直接向员工布置工作，亲自检查项目，做了本应由一线经理来做的很多工作。因此，这导致了员工们越级与部门总监汤姆进行沟通，大量占用了他的时间。

汤姆如果能够很好地实现领导水平的转型，也许结果就不是这样了。这样，就能发挥出团队的力量，听取大家的意见。一旦某个建议不太合适，汤姆也不会轻易否定，而是让一线经理来作决定。汤姆通过授权下属做出项目决策，让一线经理们直接对他们的决策负责，这样就缔造了一个让下属磨炼他们的领导技能的极佳环境。

这样，就能让汤姆腾出更多的时间观察下属经理的管理能力。汤姆应该把他们视为从事管理工作的经理，而非从事专业工作的个人贡献者。汤姆通过关注一线经理们的领导技能、时间管理和工作理念等方面的能力，进一步确定有效地教练辅导下属经理的方法。

所以说，公司如果帮助汤姆顺利完成了这个阶段的领导水平转型，就可以使他把自己的工作做得更好。有一点需要注意，汤姆的公司根本就没有意识到他在这方面的需要。部分是因为他看上去已经对该职位做好了充分的准备，在经理的岗位上表现出色似乎可以让他顺理成章地成为新的部门总监，但这并不准确。因此，我们在确定领导水平转型是否完成之前，应该把注意力集中在那些看似合适，实际上有差别的信仰和行为上。

◆ 部门总监的几种错位现象

通常不存在专业能力很差的情况，因为绝大多数担任部门总监职务的经理都具备良好的专业技能。通常正是因为他们在担任一线经理时有着出色业绩和专业技能，才会被提拔的。因此，他们在这个阶段难以实现领导水平转型的问题往往在于领导水平的核心技能方面。

◇ 授权问题

这类问题常常会出现在一线经理身上，随着领导层级的上升，授权不足的负面影响将会变得逐渐显著。如果一位领导者属下有 7 位直接汇报的经理和 70 名员工，那么亲自处理每一件事情显然是不可能的。当一线经理的权力被削弱的时候，他们通常会表现出比个人贡献者更强的挫折感。因为作为经理，他们坚信身负一定的决策权力。但正因为决策集中和决策缓慢，使得工作的进度变得迟缓。这往往会导致部门总监承担了太多的工作量，无法得到下属经理得力的帮助，受到了来自工作的烦恼。显然，授权问题不仅表现为授权不足，还有可能表现为授权方式不当——缺乏授权后的问责机制。

◇ **绩效管理**

绩效管理的关键在于，部门总监很少或者不善于将经验反馈给下属经理，也没能指明下属经理努力的方向和真正的目标。也就是说，部门总监不能与下属经理进行有效的沟通交流。

如果总监仅仅在团队建设方面把下属经理当成个人，而不是当成团队的一部分，影响了团队的信息共享和协同支持。

受限于完成任务的思维模式。如果一位总监不能充分实现新岗位的领导水平转型，把工作方式还停留在一线经理时候的样子，也没有意识到自己角色已经转变成为一个经理人员发展的教练和导师，就会导致自身对战略和文化层面的问题缺乏关注。

总监有权选任下属经理。但很遗憾，由于缺乏相关的训练，总会导致下属经理与自己很相似。这样的话，不仅阻碍了人员结构多元化的发展，还会因为领导才能的缺乏导致领导梯队的停滞。另外，总监也经常会选择自己的朋友或者过去的下属担任一线经理。这种做法可能为公司带来巨大的损失，因为这样的话，上司就会失去了不少挑战，也就意味着失去了发现新的视野和理念。

◆ 部门总监的职能

◇ 选拔并培养具备执业能力的一线经理

对部门总监而言，选拔并培养有能力胜任一线经理的个人奉献者是一件陌生的事。因为他们不习惯评判个人奉献者领导团队的能力、沟通计划能力，以及在压力下作出决策的能力。

对部门总监们而言，决定领导人选还并是很陌生，这必须要建立在对员工的全面充分了解的基础上才能作出甄别和判断。换而言之，让这些人带领团队和负责项目需要两种不同的识别技巧。

事实上，有的部门总监对一线经理的选拔工作并不重视，习惯于在自己的亲友、熟悉的下属中挑选领导者。因此，只有在部门总监意识到自己不仅是在选拔团队的成员，还是在为组织培养未来的领导人才时，才会真正意识到选拔工作的重要性。有的部门总监在选拔一线经理时会出现障碍，因为他们不喜欢对下属区别对待。在他们看来，要挑选一个人担任经理也就代表着间接否定了其他人的能力，这会让他们感到不适。虽然选择熟悉的人员或者与自己相似的人比观察、考验备选人员要容易得多，但部门总监还是需要学习如何有效选拔一线经理人员，因为如果不花足够的时间在其中的话，就很难培养出被选拔人才的领导能力。

因此，我们可以说，培养一线经理是一项创造支持性环境的艺术。因为在这件事情上，只能允许他们犯错但不能失败。他们需要积极支持一线经理学习面试技巧，撰写业绩评估报告，向自己提出建设性的意见。他们还需要巧用权力来激励和指导下属经理，而不是一味地否定经理们从而打击他们的积极性。现实中，很多总监对一线经理犯错总会当着其他下属的面对其进行严厉的批评，让对方觉得难堪。对部门总监应该谨慎使用权力，还要清楚地知道给予批评的最佳时机是私下而不是当着其他人的面，另外，还要清楚传递反馈意见的方式——就事论事，而非人身攻击。

◇ 确保一线经理为管理工作负责

总监们虽然作为一线经理时能够让员工们全心全意工作，但升任部门总监后，就必须要调整自己的工作重心。总监的工作要求他们必须学会评估工作的类型，开发出一种新的评估下属经理的工作框架——基于下属经理决策的质量、绩效反馈的频率和质量，以及与其他部门合作的能力和提升团队业绩的实力等方面来做评价。这些技能的掌握不仅需要大量的实践，还需要花费一些时间来思考如何设置一个既具有挑战性，又不脱离现实的弹性目标。

一部分部门总监的工作就是调整那些不能胜任工作的一线经理，通常这比调整下属普通员工要难得多。因为后者的原因十分清楚，业绩不佳或者价值观不符合公司的要求，但前者则需要涉及很多无形的因素，如不够重视管理或者不花时间在管理工作上。所以说，总监们及时发现并作出调整需要很大的勇气、坚定的信念和绝对的自信。如果任由业绩不佳的一线经理还占着经理的岗位，将会阻碍领导梯队的流动，失去很多业绩出色的优秀员工。所以，总监需要学会如何对团队人员进行调整。

◇ 保证各部门的各种资源配置

这项工作对于部门总监而言，并不是很熟悉，实际上也不简单。学会调拨资金、配置技术资源和人员以提升业绩，这是一项需要长期实践才能掌握的技能。部门总监可以通过回答下文的问题来理解资源有效配置的问题：

是否每个部门都能按时完成工作任务，并保证质量管理和成本控制达到标准？如果答案是否定的，那么还需要其他什么条件？

是否拥有良好的内外部资源组合？如果不适合，该如何调整？

是否存在浪费资源的部门？该如何处理？

出于整体产出需求的考虑，现有的部门结构是否是合理的？需要重新配置哪些资源？

是否有人不适合在这里工作？该如何找到合适的人员来替代他们？

另外，考虑到个人和部门的具体资源要求，还需要做出其他判断，回答如下几个问题：

工作最有效，应该被要求负责最具挑战或者风险最大的项目的部门有哪些？

因为在利用资源方面表现出色，应该被给予更多资源的部门是哪些？

能够得到最大幅度加薪的人是谁？

最需要教练辅导的人是谁？谁需要投入更多的时间？

◇ **处理好自己的直接下属部门和其他相关部门工作的协调**

部门总监最应该做的，是打破部门之间藩篱，共享信息并做到相互团结合作。他们还需要转换心态，从只重视某个特定部门利益的功利心态转换成对重视各部门利益的心态。另外，他们还需要在一线经理以及员工中灌输平等的观念，促进信息、想法在各部门之间的自由流通，最终促成合作。

部门边界的打破不仅是工作理念问题，还是具体的工作流程问题。因此，部门总监必须监督自己部门与其他部门进行合作，并对此提出问题和改进意见。而且，还需要有一套更敏捷的管理技巧，那就是理解、传达职能部门战

122

略、业务战略和公司使命，进而通过传达、检验这些工作与公司战略的匹配程度来实现跨部门之间的合作，实现组织的业务目标。在通常情况下，有效的跨部门合作会提高工作效率，而一位能干的部门总监能帮助组织提高竞争力。

◆ 部门总监的领导水平养成

作为部门总监，他们必须要注意到管理员工和管理经理人之间的差别。人们固有的观念里，这两者之间有着很多相似之处，因此他们必须对此严加区分。当然，如果他们的上司能向他们清楚阐述新的领导技能和工作理念那就更好了。但仅仅简单地描述这些要求是不够的，还不能有效防止汤姆这样的现象。当一名一线经理工作处于瓶颈的时候，他的上司必须要替代他来完成工作。所以，必须要有适合的目标和衡量标准，这样才能帮助新上任的领导实现领导水平的转型。而其中，标准指的是：

工作效率提高的程度；

工作质量提高的幅度；

进行教辅的频率及其效果；

提拔或为其他部门输入人才的数量；

新任一线经理的成功率；

团队合作的状况；

团队在新领域的合作情况。

以上所有的标准中，培养一线经理才是最重要的。因为新上任的一线经理缺乏经验，可塑性很强，但他们也会出于本能而模仿上司的言行。而一旦上司不能或者拒绝以身作则，树立正确的榜样，将他们往正确的方向上引导，这将会阻碍领导梯队的流动。而一旦这种问题在组织里出现，只能从外部招募优秀人才才能解决问题，然而这最终还是会遭致失败。

对于部门总监来说，他的一项重要职责就是向一线经理传达正确的信息。教育并辅导一线经理是一种互动方式，它可以帮助部门经理反馈有效信息。某种程度上，教育辅导是一门需要身体力行的表达关心的技能，它能把领导和员工紧密结合在一起。当领导表达自己的关心的时候，员工也就能感到这份心意，这也正是领导工作的重要内容。而一旦这种教育辅导关怀严重缺失而员工工作压力很大的时候，就会导致人员的流失，员工们会辞职以寻找能让他们更好地学习和发展的工作机会。

但这并不是说，要求每一位部门总监都具备成为优秀教练的实力。并不是每个人都能成为这样的教练，有的经理人天生就缺乏这方面的天赋，但大部分还是能够成为教练的，他们能够给员工以真诚、有用的反馈。而且，这种能力的发掘需要上司的培养加上外部专业教练的帮助。然而，事实上很多企业外部的专职教练由于对公司业务的不了解，很难给出专业的意见。因此，他们通常会在教练培训课程结束后，被要求通过小组联系来巩固教练的技能。

最后，时代在不断变化，充满着很多的不确定性，部门总监主要还是必须有全局观念。在向下属解释和传达公司发展的目标时，他们还必须发挥重要的作用。而一旦他们的大局观被公司所忽视，那么也就使得他们成为了公司变革的障碍。就像杰克·韦尔奇在通用电气公司刚开始推行他的改革计划时，部门总监被视为"混凝土层"。在刚开始的时候，他们抵制任何创新的意见，视精简机构、裁员、授权为洪水猛兽。通用电气公司决定，在罗斯顿维尔培训中心实行一项名为"卓越管理者"的培训计划。通过此不仅可以培养受训者的管理和领导能力，还能充分将公司再造的文化和业务背景阐释出来，帮助学员理解公司的战略以化解其抵触情绪，同时消解他们对公司变革的错误猜测。这样一来，很大程度上疏导了部门总监积极、高效工作的阻碍。

第九课 如果你是一位集团副总该怎么做

对于集团副总，其工作内容包括：重新调动资源以平衡业务发展，采用恰当的方式培养事业部总经理，为协同各业务单元且开发新业务而设计一项合理的业务组合。同时，还要求集团副总把自己当成该业务单元的负责人，对事业部总经理的工作、团队、组织文化进行评估，以保证其目标和业务要求相符合。担任集团副总也即意味着从充满乐趣的事业部总经理岗位转换到了枯燥无味的领导岗位。

◆ 集团副总案例

在杰克接管能源业务群组的时候，其业务遍及发电设备、输电设备、石油储存以及运输设备。而公司的每个业务部门都经营一个产品系列以及一个小的零部件和售后服务部门。自成为行业领导者的业务群组多年来整体业务不断下滑，这导致了士气低落，前途渺茫。这时的杰克必须要面对行业规则调整、销售流程改革、美国市场需求不足、产品质量等问题，他决定了直面困难。他明白自己不可能从下属高管那里获得任何可靠的见解，因为各业务部门都忙于各自的业务，并不能和团队一样做到协调一致。而且各业务部门所提出的战略规划并不能触及问题的根本，最近新推出的一个本来很有希望的产品也以失败告终。杰克通过对下级的评估报告得知，他们都在"原地踏步"，全无进步可言。因为当时的公司在市场上占据统治地位，每个人轻而易举就能达到业务目标。

杰克刚开始就坚信选拔合适的事业部总经理才是成功的关键。在对各业务部门的管理团队进行仔细的评估之后，他很快就决定调整领导者的队伍，任命一批新的事业部总经理并对两个部门负责人的岗位职责进行了重新定义，其中两位领导者凭借着出色的工作表现被授予了更大的职责。在上述决策中，杰克表现出了对事业部总经理职责的洞察力——他在管理一个小的业务群组所培养的能力。在选拔出满意的事业部总经理后，杰克就放手让其大展拳脚了。授权对方在他确定的战略框架内，可以自主决策。当然，杰克还花费了大量的时间训练辅导他们在与集团公司对业务领导人的要求相吻合的条件下，努力工作。

杰克为了解决重大的业务问题，拜访了群组全球的客户以及潜在的客户，并在此基础上对市场总体状况进行分析和评估。因为曾经接受过专门的训练，所以杰克对多元业务组合模型非常熟悉，很快就挖掘出了公司从未重视过的全球性机会。并且，杰克还根据获得的信息做出了开发全球市场的战略决策，完全符合公司的初衷和发展方向。但这一次，杰克并没有为各业务部门制定具体的战略，只为他们提供一个总体的方向和框架，授权各业务部门在这个框架内制订各自具体的战略策划。

此外，杰克还发现了潜在的市场机会，并竭尽全力地去占领该市场。但因为这需要一项公司所没有的专门技术，于是杰克开启了一系列的兼并收购活动，并以此实现了自己的目的。

◇ 分析

杰克是一位优秀的集团副总，他的故事或许会给我们很多启发。在很多方面，杰克都向我们展现出了集团副总的优良素质，例如领导技能、时间管理能力和工作理念等对他成功实现领导水平转型极为重要。

我们可以看出，杰克很巧妙地重新组合了业务投资，新创了有效的产品业务组合策略。他重组了公司业务，更加强调服务业务。杰克深深地明白，服务市场潜力是产品市场的 5 倍，而提供更多的服务既可以使顾客的成本得以降低，又可以使自己的收入得以增加。公司的内部人员因为最了解公司的产品，可以向顾客提供更低成本且覆盖全部产品的服务。

在杰克的努力下，把业务群组从一个士气涣散、业绩下滑的群组变成了公司新的增长领军人。业务群组在杰克的带领下，销售业绩在 4 年内翻了一番，利润也增长了一倍，并且开辟出了新的增长渠道。此外，群组内部还人才辈出，就连新提拔的事业部总经理都成功实现了领导水平的转型。杰克向公司各个层级输入了很多新血，使得各部门的工作业绩得到提升，进而达到公司更高的标准。

◆ 集团副总的职能

在一些大公司里，集团副总仅仅被当成一个联系人，负责协助首席执行官，减轻首席执行官的工作负担。这看似很有用，但实际上误解了集团副总的职能。在那些明白集团副总职能的公司里，通常都有一个清晰的集团战略。而这一战略往往是全球化战略。在这一战略里，有：待开发的新市场、未被重视的细分市场、可能增长的需求等。这些公司常常会要求其集团副总负责推动全公司关键的创新，同时还要求他们与政府部门、华尔街、行业和关键客户等建立外部联系。在职能被拓宽后，他们不仅需要负责对事业部总经理的监督，还要承担首席执行官的部分工作，从而考察他们是否具备成为未来首席执行官的能力。他们如果能胜任这项工作的话，也就意味着他们领导多个业务单元和多元化业务部门的能力得到了提升。

这些对集团副总的历练，对成为未来的首席执行官来说十分重要。集团副总层对任何公司来说都起着枢纽的作用，而一旦集团副总并没有准备好领导水平转型，或者得不到足够的支持，这将会导致公司的领导梯队发展的障碍。这就会导致集团副总从事着事业部总经理的工作，而事业部总经理却在做着部门总监的工作，等等。毋庸置疑，这将引发一系列的连锁效应，也即是各级领导只能将会出现完全的紊乱。

与初任经理相似，集团副总的领导水平转型也要求放弃自己喜欢且做得很成功的工作。他们必须放弃曾经亲力亲为、在短期内就能取得成就的工作。甚至在某些情况下，集团副总还必须对自己亲手发展起来的一些事业，或因为市场形势的转变而不得不进行部门间的战略整合，减少对自己工作过的业务部门的投入，甚至结束该部门。

1. 集团副总为了最大限度为公司做出贡献，应该对时间作何分配？

答：研究发现，最成功的集团副总把一半甚至更多的时间花在教练辅导和培养人才上。在他们看来，与事业部总经理的对话是一种学习，他们所做的是提出正确的问题而非给出正确的答案。当然，他们的职责范围不限于事业部总经理，还可以对事业部副总经理进行教练辅导。所以，他们需要尽可能多地了解各部门的总体能力和管理者们的潜力水平。其实，作为未来事业部总经理和集团支持性部门领导的候选人的事业部副总经理，如果没有足够的潜力的话，就可能会被替代。所以，聪明的高管也会同时关注各部门总监的潜力，这也正是成功的集团副总能够推动公司继任计划流程的原因所在。

另外，集团副总应该至少把 1/4 的时间花在战略及其相关工作上，包括开发组合战略，评价业务战略、潜在的合作伙伴，出席高层次的客户会议等方面。

集团副总必须把一到两成的时间花在集团公司层面的工作上：协助首席执行官完成全公司的管理工作，并处理公司层面的问题，代表公司拜见重要的外部利益相关团体领导者，与同事探讨资源的重新配置等问题。而剩余的时间应该用于公司与外部其他公司以及行业之间的关系相关工作上。

2. 关于识别一位事业部总经理是不是集团副总的合格候选人，有什么技巧？

答：在选拔方面，集团副总和首席执行官都面临着很多相似的挑战，其中包括：业绩突出、战略能力出色、人才培养方式有效、对客户满意充满激情和敏锐的商业头脑。其中，通过支持公司重点倡导的项目、共享资源、践行公司的价值观、为公司层面工作安排专门的时间才是真正微妙的指标，这展现了对公司成功的渴望。仅仅想着管理好公司却忽略了公司的利益，这是十分不可取的。

而另外一项关键指标则是拓宽思路和学习范围。我们可以通过这些问题来获得答案，他能否提出让事业部总经理尊敬的宏大的发展思路？又能否发现业务中亟须修缮的短板？是否有兴趣且真正地向其他事业部学习？在业务组合战略上，要求集团副总跳出原有业务局限的怪圈去思考和学习。

第三项指标是同僚之间相互的影响力，这就要求集团副总候选人必须能够使同僚们确信某个新项目值得投资。同时，还必须和事业部总经理树立起信誉和信任。并且，他们对于员工还必须有思想上的领导能力。

有一项重要但总被忽略的要求，那就是与首席执行官一起管理整个公司。当首席执行官召集包括集团副总们在内的直接下属讨论问题时，需要集团副总走出思维局限，从公司全局利益出发思考问题并做出决策。关于如何让直接下属像他一样从公司全局出发思考问题，答案其实并不复杂。在公司高管团队群策群力的时候，首席执行官必须要全面理解公司的真实状况，这样集团副总们在其带领下也就能了然于胸，并立即各就各位，做出行动的准备。世界变得越来越小，世界由于商业化也存在着很多复杂的问题，这使得首席执行官摸不着头脑。因此，就要求整个管理团队必须发挥各自所长来解决公司正在面对的各种疑难杂症。

对于集团副总来说，关注长期结果而非短期利益显然比对于事业部总经理的要求更高。实际上，新任集团副总难以适应的其中一个原因就是工作缺乏短期的激励机制。对他们而言，每天工作结束后，并不能真正感受到工作的成就使他们感到很沮丧，而如今的大多数成功都来自于长期的坚持。因此，高管成熟的标志之一正是享受延迟满足，否则，他们将深陷亲力亲为的具体工作中难以自拔。

集团副总为其后成为首席执行官奠定了基础。虽然这种情况很常见，但在很多公司里却并没有在选拔集团副总时认真地把他们看作是未来首席执行官的后备人选。在此期间，集团副总为继任首席执行官必须要做三项重要的准备：与首席执行官一起管理公司，学会享受延迟满足，从管理具体业务中脱身出来。第三项中的这种分离对于首席执行官来说是必需的，因此要求集团副总必须掌握对多项业务的评价能力，从而最大化公司的资本利益。虽然并不是每个公司都有集团副总岗位，但这个阶段都是有必要重视的，尤其是从事业部总经理到首席执行官的巨大转化对于大多数人来说是很困难的。因此，集团副总的选拔过程中，应该考虑他们是否具备成为首席执行官的上述能力。

集团副总职位的设置可以带来许多好处：减轻首席执行官的工作负担，可以让其有时间教练辅导事业部总经理，并能够集中更多精力来实现公司业务组合的优化。即使这样很具有挑战性，但却能为公司带来很直接的效益。其中，最重要的挑战正是对首席执行官和事业部总经理的岗位职责作出详尽的描述。为了获得集团副总带来的好处，两者都必须在工作方面一定程度上放弃自己的部分兴趣。并且，必须在矛盾冲突激化之前对集团部门之间的关系进行重新定义。很多集团副总希望自己的财务、人力资源和法务部门的存在，但这也带来了集团对事业部财务、人力资源等类似部门的管理问题，暂不赘述。

同时，还必须要注意：支持集团副总的工作人员必须拥有良好的商业头脑和情商，并且在建立和保持一段复杂的关系系统中做出突出的贡献。因为集团副总需要他们的支持，一旦他们缺席将会造成集团副总把事业部总经理支持人员的精力耗尽。

对于集团副总而言，重视他人的成功和自己业务的成功是绝对必须的，其工作的有效性在很大程度上由其下属及其业务取得成就所决定。因此，对于那些拥有巨大雄心，将业绩作为导向的集团副总而言，这是一种全新的工作概念。他们在之前的工作中已经学会了授权和指导下属，但此外，还必须考虑一组业务部门及其与整个公司之间的关系。这一点，可以用一位满腹牢骚的话来形容："我认为自己无所事事，远离了具体业务，但那也正是我所喜欢且擅长的事情。现在，我对于工作的兴趣已经不复存在了。"

成功的标准相比以前已经改变了，判断事业部总经理的战略管理能力和授权能力，以及项目进度成为了一种新的标准。下面我们将用 3 个问题来帮助你理解集团副总工作理念的有效转变。

1. 集团副总能否作出正确的决策以区分不同业务可能产生的不同后果？

集团副总的工作目标早已不再是亲自发展具体业务，变成了创造合理的投资组合。合理配置资源对于首席执行官而言是一项关键能力，而他们需要学会重视这项能力的培养。这也就表示他们需要权衡利弊：是在一项业务上投资发展，还是在现有成熟的业务中实现利益最大化并衍生出其他业务？这也就意味着，想要实现增长就必须要根据各个国家和客户群分析考虑并做出合理的投资决策。当然，对于华尔街对公司发展的评估也必须十分重视。众所周知，与投资单项业务相比，这一项工作更加复杂且无经验可循。这不但是一种战略判断的能力，还是一项具体的战略规划。

2. 集团副总能否在与其直接下属共事期间，将其培养成为名副其实的事业部总经理呢？

对于很多集团副总而言，这个角色绝对是勉为其难的，因为这项工作的主要内容就是支持和培养事业部总经理开展工作，而不涉及任何具体业务。这有可能会出现集团副总越俎代庖，过多干预事业部总经理的职责，凡事亲力亲为，并非授权给事业部总经理自己做出决策。不可否认，这个问题与集团副总的工作理念不无关系。在先前从事的工作中，他们被要求重视与直接下属建立密切的联系与互动，而现在又被要求退居幕后，扮演苏格拉底式的教练型领导，这显然是很困难的。

3. 集团副总是否能够将公司整体战略放到部门战略前面？

很多集团副总把注意力主要放在少数业务部门上，他们曾经更看重具体的业务部门的业绩，但这样会导致公司总体战略的障碍。因此，集团副总需要多角度来进行思考，并充分考虑各方面的需求和问题，进而形成一个总体方向。这一战略性的思维方式区别于其他各层级的领导者。

◆ 集团副总的职能表现

◇ 业务部门与整个公司之间的枢纽

虽然集团副总领导事业部总经理，批准后者的业务规划，但这并不意味着他们亲自参与具体业务。事实上，集团副总更希望能改变业务战略、质疑价格策略、强化生产部门等，做那些他们在升职之前所乐意去做的事，但他们更重要的还是要向事业部总经理提出质疑并评估其工作的有效性。集团副总必须要表现出一种克制的精神，这一点与事业部副总经理的领导水平转型十分相似。即便是在最大、最复杂的组织部门，通常也只有两三名事业部总经理是公司最优秀且最聪明的领导人才，也将会成为公司未来的高管。公司如果不能有效地将他们培养好，那么将不得不从外部引进人才来担任公司的高管。各级领导者虽然都对培养领导人十分重视，但在集团高层，这种对人才的培养显得尤为重要。

集团副总必须要学会评估事业部总经理的战略规划，而不是亲自做出指导，这样做的目的就是为了帮助其发展领导能力。他们必须减少将一个行之有效的战略交给下属执行的事情发生，而是要让下属自己去设计一个部门战略规划。最佳集团副总必须能够敏锐地识别下属的战略计划，并通过询问和观察确定其是否能够胜任自身岗位，其思维是否受到事业部副总经理这一职位的限制。当然，战略评估能力必须要在长期的实践中才能练就，这也正是成功的关键所在。

另外，集团副总还必须学会越过财务结果来评价事业部总经理，但要想找出除了财务结果以外的衡量标准是一件困难的事情。正如前文所述，事业部总经理在很大程度上因为他们学会了整合各部门的需求和问题才能取得成功的。那么当事业部总经理被集团副总要求从更广泛、多角度的视角考虑问题时，将会作何反应呢？是否能把包括顾客和供应商在内的各方面因素联系在一起思考呢？在必须协同多个部门才能实现一个雄心勃勃的目标时，是否会感到慌张呢？集团副总要注意观察他们在遇到这些困难时的表现，从而评判其才能高低，这些辨识能力是他们必须重点掌握的。他们要让下属明白，不仅仅需要对财务指标负责，还要对各方面的工作尽职。

在时间管理上，集团副总还需要花费大量的时间在事业部成员的交流上。对于他们而言，有一项非常重要的能力他们必须掌握，那就是擅长从候选人中选拔出未来的事业部总经理。这并不需要超常的天赋，仅仅需要在必要的时间观察下属的业绩能力和动机就可以做到了。通过授权下属管理和协调部门工作，进而观察其表现，并进行深入的沟通。如果集团副总愿意花时间在上述工作中，就可以准确地对事业部总经理的才能做出判断，这也将形成集团副总值得信赖的领导团队，无须自己亲自过问具体业务的运营。

虽然一些事业部门总经理有着诸侯割据的心，但还是必须使自己的业务部门与公司整体的战略和目标相贴合，而这一点很大一部分取决于集团副总的监督和强化。在很多方面，业务部门对公司整体会产生影响。当某个业务部门因为污染问题而触犯法律时，业务部门也就成为了整个公司在公众心目中的代表。一旦品牌形象受损，整个公司都会遭殃。

因此，集团副总必须保证各部门在追求利益最大化的同时，遵守法律和公司规章，从而维护和提升公司的品牌形象。他们不仅要通过做正确的事来盈利，还要通过采用正确的方法来盈利。集团副总为了更好地监督各业务部门严格施行公司的价值观和各项规定，必须要培养出值得信赖的部门总经理。如果想要完全单凭一人之力来完成这项工作，那将必然会出现错误。

集团副总还有另外一项工作，它涉及资金的调拨。集团副总不仅负责各业务部门的赢利，还掌握资金在各业务之间的流动，这要求他们必须实现一个重大的思维转变。与事业部总经理专注于特定的产品和市场这样的相对狭隘的视野不同，集团副总必须要保持一个更加宽广和客观的视野。在每一次资金调拨的决定作出之前，他们需要评估每一项业务的成功概率，判断出哪些是增长潜力巨大的产品，并学会进行准确的财务分析。无论如何，正是因为部分事业部总经理不愿接受公司的这种分配，并且怀疑集团副总这方面的每一个决策，阻碍了集团副总顺利对资金调拨、顺利做出决策。

第三项相关技能是区分业务先后次序的能力，例如判断业务部门的战略是否最佳，最符合工资的总体战略，进而判断哪项业务最应该得到充分的资金支持。这是领导者首次必须做的：在最有利于公司的业务和支持自己的主管部门业务中进行合理分配，使其达到平衡。因为有利于公司的事不一定对某各业务部门也有利，因此，这也考验了集团主管运用知识、分析能力、个人信用与直接下属和公司高层之间保持良好关系的能力。由此可见，集团副总是一份很微妙的工作。他们凭借着自己的公正和在经商方面的精明，取得各方对自己的尊重，从而使这项高空表演能够顺利完成。

◇ **集团副总发现新大陆**

作为集团副总，他们必须习惯于思考无形的事物，并以此做出相应的战略对策。而在此之前，他们主要的关注对象都是有形的。多数集团副总的主要业务都属于部分行业，因此在市场和技术等方面会有重合之处。各式各样的潜在机会存在于任何行业中，而集团副总需要做的就是发现并分析这些机会。如果某个机会被他们发现，那么他们还必须要决定是否对此进行开发，使其成为一项新业务或者并入现有的一项业务。同时，他们还必须要从高层次上来展现自己的战略思维能力，必须有效地预测出这个新行业的未来领军人，以及即将进入的企业和产生的创新。

时至今日，电子商务成为了最重要的商机。考虑到集团副总之间业务的不同，电子商务可以渗透到各业务当中，并带来无限商机。那么，集团副总可以根据以下问题来评估各种可能性：

应该在每个事业部门中都建立一个电子商务平台，或者在集团副总所主管的多个事业部建立一个电子商务平台，又或者仅仅是整个集团共享一个电子商务平台。

从顾客的角度来看，什么才是最佳的电子商务战略？

为了增强集团总体的市场影响力，应该实施怎样的战略？

电子商务能为集团带来哪些长期利益和短期利益？如何使其达到平衡？

电子商务会给公司带来什么样的威胁？应该如何避免？

更重要的是，要学会利用电子商务去发展传统业务中隐藏的新机遇，而不是一味地去扩张，这样做远不如电子商务的潜力大。集团副总必须投入大量的时间去学习、思考和规划才能做出相应的决策。

◇ 集团副总要做到知行一致

艾瑞克在高管知行不一方面是一个典型，他在领导水平的转型期间苦苦挣扎，但最终仍然没有成功。艾瑞克在一家大型跨国公司担任区域负责人，身为美国人的他在开拓波兰市场时竟然大获成功，并因此被提升为集团副总，这也正是众望所归的结果。在担任公司整个东欧业务的主管时，艾瑞克必须倾听来自6个国家的业务负责人的汇报，而这些人都是他在担任波兰的负责人时的同僚。

虽然在波兰大获成功，但在新的岗位上，艾瑞克还是显出了疲态。艾瑞克总在和他们竞争而不是向他们提供帮助和建议，这使得下属们抱怨连连。艾瑞克总是说："战略规划不完整，缺乏充足的数据支持，与我在波兰做的相差甚远。"而当下属要求讨论一个关键问题或者一项新交易时，他总是回答："稍后几个小时，我就到。"他就像消防员一样，总是为了完成某项交易而往某地跑。而这也占用了他的大部分时间：走访每个国家，为具体的问题提出解决方案，并代替区域经理对产品和定价做出决策。

这使得艾瑞克对下属们的作用完全发挥不出来，而下属们也很少寻求他的帮助。随着东欧的业务不断增长，区域经理需要更多的资源来开拓新陆地。因此，他们发现可以更轻易地从财务部门系统直接获得想要的资源和预算。于是，财务经理一级级地找到了公司最高财务主管，这使得艾瑞克十分恼怒。

沃顿商学院一位教授同事曾在波兰与艾瑞克共事过，他打来电话向教授征求意见。于是，沃顿商学院的教授们来到了他的办公室，当时，艾瑞克的一位区域经理刚刚辞职并随即加入了其竞争对手——当地的一家公司，这使得他大吃一惊。在和艾瑞克谈过之后，他们又拜会了其他的几位区域经理，真相也就水落石出了。在艾瑞克看来，他成功负责了每项业务，而在对每位下属经理的负责时却失败了。另外，他从来就没有热爱上教练辅导下属的工作，甚至想尽一切办法去回避它。他喜欢具体业务，更喜欢具体行动。而大部分区域经理也非常聪明、精力充沛，在其业务不断增长的同时，他们的能力也亟须得到增长。艾瑞克还觉得，他们中的一部分是有能力取得出色业绩的，根本就不需要来自上级的支持，依靠自己的能力就能取得。

虽然艾瑞克成为了集团副总，但却没有成功转换工作理念。事实上，他并没有实现领导水平的转型，这也导致了他不能为直接下属提供正确支持。在旧的工作理念影响下，艾瑞克把自己的成功与下属们的成功分裂开来，从未教导过下属如何取得成功。

◇ **集团副总的红灯**

尽管艾瑞克的很多行为表现出了集团副总存在的问题，但最主要还是体现在以下四个方面。

1. 牝鸡司晨

为下属部门制定具体战略，指导事业部总经理工作，决定产品和服务的改变，把自己当作是事业部总经理一样工作。这是最常见的一种情况，这一系列行为都表现了他在领导水平转型中遇到了挫折。另一方面，事业部总经理总是感到自己在做事业部副总经理的工作，根本无权做出相应的决策。显而易见的一种现象就是，每个层级的领导都想牝鸡司晨，干涉下一级领导者的工作，这是非常可怕的。

2. 与集团公司相对立

一些集团副总回避公司层面的工作，维持与集团公司对立的状态，似乎厌倦了那份工作。上任初期，他们把大部分时间都花在与工作无关的具体业务上。最终，导致了自己与公司总部的对立，常常会用"瞎指挥"等词汇来表达自己的不满情绪。因此，一旦我们听到某位高管说"这并非业务型高管工作的地方"，这也正说明了他并没有成功地实现转型。集团副总应该投入 1/3 的时间在公司事务的处理上。如果他们将这个时间缩短为不到 10% 的话，一定是因为某方面出现了问题。公司高管需要正视公司的需求，而一旦他们忽视了对这一需求的理解并积极配合的话，这将可能会使情况变得糟糕。

3. 忽略新机会

我们不能轻易断定一位集团副总不能立即对主管业务的新机会做出反应，因为他需要一定的时间去获得新领域必要的知识。需要几个月的探索、研究和分析才能熟悉一个行业，然后他才会去识别新的问题和机会，进而发展出新业务，或拓展现有业务以把握新机会。而那些抱怨上述工作毫无必要或者逃避相关艰苦工作的领导者是很难实现领导水平转型的，另外，那些只关注现有业务的领导者也可能会面临失败。

4. 放弃培养事业部总经理

集团副总的一项重要职能就是培养事业部总经理。如果集团主管们不花时间去了解下属，与其沟通，重视对他们的培养的话，也就意味着他们失职了。事业部总经理是公司绩效的主要贡献者，也是集团副总的候选人。因此，集团副总如果像家长一样对他们的工作指手画脚，干涉具体业务的话，这将表现为集团副总水平的不合格。

◆ 集团副总的培训、评价和体验

对于集团副总的培养，我们可以举一个例子：

路易是一家全球珠宝集团的区域业务负责人，也是集团副总的主要候选人之一。不久后，他又分管了其他两个拉丁美洲国家的市场。这两个拉丁美洲国家中，一个是中等国家，产品种类相对较丰富，甚至还没见过新产品；而另一个则是有着复杂市场的大国。为此，路易走访了各国的市场，并在获得进步的同时得到相应的监督和指导。对路易工作表现的持续反馈和以弥补他的领导水平弱项为目的的特殊任命，如被指派领导一个任务小组，负责解决涉及整个地区的分销渠道问题，都为他将来担任集团副总奠定了良好的基础。

因此，我们看出，最优秀的公司总是要把集团副总的培养作为自己的重要职责。例如，通用电气公司和花旗银行的领导人才继任计划，它将集团副总候选人的培养作为重点，并为其安排了一系列的任务以培养其管理多项业务的能力。

集团副总最主要的工作经历就是对多个业务部门的管理。其中，最理想的就是每个人都有路易那样的机遇，被授权管理多元化业务，这帮助他们实现了从管理一项业务到多项业务的思维模式转换。虽然现在某些集团副总是从管理一项业务的工作中逐渐成长而来的，但大多数领导者的经理只是管理多元化业务后，才学会适应新岗位。

集团副总通过亲身经历和教练辅导，学会了战略评价。在根本上，他们最需要掌握的是通过提出正确的问题，查询数据背后的关系从而帮助事业部总经理制定出一个更好的战略规划。因此，集团副总必须学会正确地提问，评价下属所提出的多种战略选择，评估潜在的风险，并最终告诉下属未来的选择。其中的某些战略性技能在一定程度上是可以通过培训获得的，而公司的战略规划部门专门的评价战略的专家可以负责向他们传授这方面的知识和技能。不难看出，大多数集团副总对这方面的知识和技能，尤其是业务组合管理和兼并收购方面的内容都十分渴望。

另外，集团副总还必须要从事业部副总经理中培养出事业部总经理。而这一阶段中，选拔工作显得尤为重要，因为这正是领导梯队建设的一个重要阶段。然而，现实中很多事业部总经理不能成功实现领导水平的转型。即便在早期曾接受过人才评估和选拔的专门训练，但集团副总还需要再次接受人力资源专家所提供的相关培训，这对于完成这项工作而言非常重要。而如果要判定一位领导者是否具备担任事业部总经理这一职务的素质，这是很困难的。首席执行官经常参与事业部总经理的选拔工作，而一旦集团副总推荐了错误的人选，将会带来很大的负面影响。而培训的目的正是为了帮助集团副总对工作内容和候选人资格进行定义，以及明确并理解与候选人进行谈话的主要内容。其中，最理想的结果就是有一个人在面试和选拔中给集团副总选拔出恰当人选以帮助。

培养集团副总把具体业务和公司战略协同起来的能力，是首席执行官的工作内容之一。在部分集团副总看来，这其中存在着必然的联系，但事实并非如此。经验丰富的首席执行官会将这种思想灌输给集团副总，确保其能理解并重视整个公司的诉求，进而明确公司的标志性项目和公司对外展现的形象。但有一点首席执行官必须注意，那就是不能捆住集团副总的手脚，应该恰当地授权对方合理利用公司人才。

　　最后一点就是，培养集团副总需要一套评价其表现的标准，这一点十分重要。单纯依靠财务指标是不能很好做到这一点的，因为这些指标可能会使得集团副总把自己的工作重心放到了业务利润最大化上，从而导致事业部和部门领导者的中心下移，纷纷追求最大利润。因此，为了避免这种情形的发生，还需要把选拔和培养事业部总经理，排列业务优先顺序，维护公司行业地位，以及正确评价规划新业务包括在这一套评价标准内。

第十课　如果你是一位首席执行官该怎么做

首席执行官，一个企业的掌舵者，他必须接受来自执行力、企业软实力、战略决策、长短期目标平衡等各方面的挑战，才能真正转型为一名成熟的首席执行官。这也就注定了他的培养过程是相对漫长的，需经历每一个管理阶段的锻炼来积累各种技能和业务经验。

◆ 首席执行官案例

首席执行官由管理者成功转型并非只和年龄有关，因为年龄不代表经验。杰克·韦尔奇初次担任通用电气的首席执行官时，也不过45岁。在他上任后不久，为了能让自己迅速适应首席执行官的角色，杰克·韦尔奇几乎通过了各种领导水平发展阶段的严苛考验，全面了解企业的全貌，收获了丰富的经营和管理经验，也最终成为了一位通用电气成功的首席执行官。另外，花旗银行的首席执行官约翰·里德上任时也不过四十出头，而且更让人吃惊的是他在上任前几乎没有银行的相关工作经历，只是他上任后积极学习，充分磨炼自己，积累各种银行经营的经验，通过了各项考验后的他最后也成为了一名为社会和业界所肯定和普遍认同的成功首席执行官。不论是杰克·韦尔奇还是约翰·里德，他们走向成功的首席执行官的道路十分曲折坎坷，而且他们首次担任首席执行官时都很年轻，那么决定他们能够在各自公司首席执行官职位上一呆就是 20 多年的重要因素，就在于学习，必须是持续的学习。

◇ 分析

现代企业发展的更新速度注定了很多年轻的管理者会以一种史无前例的速度擢升到高层，还有不少人会成为企业的首席执行官。他们都如杰克·韦尔奇和约翰·里德一样不到 45 岁，甚至在某些知识型行业当中，他们的年龄还不足40 岁，还可能更低。年轻的管理者们要从一个普通的管理领导阶段快速跃升到更高的全局的管理领导阶段，这其中最大的困难便是缺乏各个层级领导水平的磨炼，这就很难给企业制定准确的实现目标。因此这当中就有一些并不成功的转型案例，尤其是年轻人自我创业，尽管他们也可以大量吸引各种优秀人才，积极准备公司上市，只是最终要带领企业实现目标还是有很多困难的。

可见，成功的首席执行官必须经历足够的培训和历练，缺少了这一点，无论是对企业还是对个人都将是一次冒险。一些部门经理在还没有晋升为集团副总时，就被任命为企业的首席执行官，显然会因为执行力和管理能力上缺少各种严格的磨炼而难以胜任。集团副总或许可以作为他们成为首席执行官之前的过渡阶段，主动的学习和情感上的准备能为他们胜任首席执行官一职打下更坚实的基础。

◆ 首席执行官应具备的素质

从现代企业发展的情况来看，首席执行官的作用越来越受到社会的广泛关注和认可。首席执行官在企业发展中不但要对人事做出准确且及时的判断，且要通过一系列成功的策略来增强企业的执行力。因此对他们来说，如果缺少学习和适当时间的磨炼的话，是很难成为一名成功的首席执行官的。

具体来说，一名成功的首席执行官，既要能高瞻远瞩，有很准确的战略眼光，也要对企业的发展前景有一定的远见卓识。有人认为具备这些素质的首席执行官已经可以在企业的管理当中独当一面，事实上并非如此。除了上述的素质以外，要让一个管理者成功转型为首席执行官，还有一点也不容忽略，他们必须清楚手下的每一个部门、每一个员工，企业中的每一个元素应当被放在哪些地方才能最大限度地发挥他们的价值。做到这一点首先要求反复的历练，其次还要求首席执行官必须不出错才行。

而如今总有太多的首席执行官的进化速度太快，他们是否在被推上企业的高位时已经具备了首席执行官必要的素质，是不是已经经历了所有的发展阶段，关于这些问题实际上不少企业都难以作答。仓促上阵的结果只会是让首席执行官上任后缺少准确的判断力，从而在企业面临新问题或者是不确定的形势时，无法做出最适合企业发展的战略决策。

可见，一个出色的领导者并非都能转型为成功的首席执行官，首席执行官所面对的是整个企业，他要有管理者所不具备的特殊领导技能、时间管理能力以及工作理念。

◆ 首席执行官所面临的挑战

为何管理层要转型为首席执行官总是如此困难呢？事实上，作为一个首席执行官，他要对内外的多个利益群体负责，其中包括董事会、分析师、投资人、合作伙伴、员工、股东、下属等，这和管理层所面对的相对单纯的群体有着很大的不同。在同这么复杂的群体打交道的过程当中，首席执行官的一言一行都要接受这些群体的密切关注。因此，即便是最成功、最有才华的集团副总，真正转型担任企业的首席执行官，同样也要面临诸多严峻的挑战。下面就一一具体来探讨一下这些挑战。

◇ 注重长短期利益的平衡，实现企业可持续发展

俗话说：罗马不是一天建成的。企业的发展也是这么个道理，短期业绩的快速增长固然说明首席执行官的能力，但是否只因为一两个季度的盈利目标就推断首席执行官在管理能力上有严重的缺失呢？显然这么做对首席执行官的打击太大了。实际上，企业的每一个投资人和分析师对企业及其首席执行官的评价，都是用企业的利益目标能够最终实现作为根本的衡量工具，当然很多时候企业短期所获得的收益是他们所看到的最直接的成绩，因此企业在运营过程中任何一点偏离预期的目标业绩都会影响投资人和分析师对首席执行官的看法。不过，他们也不总是把短期目标看得比什么都重，企业长远的走向也是投资人和分析师从现有业绩中能够分析出来的。所以，为了能够赢得投资人和分析师的信任，避免出现信任危机，首席执行官上任后第一个挑战便是平衡长期目标

和短期利益之间的关系，这是他们面临的第一个生存考验。

　　大多数的情况下，高管向首席执行官角色转型的过程中，对于领导水平考验的第一个阶段便是首席执行官能否实现企业的可持续发展，这需要他们在企业发展的不同阶段学会如何权衡利弊，见微知著。短期业绩的实现固然可以算是首席执行官迈出了坚实的一步，接下来要做的就有譬如如何预测未来的发展趋势，调整企业的短期策略，使之适应长期发展的战略目标。在这种不断调整适应的过程中，首席执行官就能变得目光远大，长袖善舞，在处理和沟通内外的各种利益群体关系时也能够变得熟练和自信起来。从首席执行官自身成长的角度来说，他们在这个挑战中培养出了刚毅的个性，敢于迎难而上，果断地做出决策和判断。通常能经历多次短期目标与长期目标平衡博弈考验的首席执行官，都能成为其中的佼佼者。譬如上面提到过的通用电气的杰克·韦尔奇，以及英特尔的安迪·格鲁夫等人之所以能稳坐首席执行官 20 多年，都与其经历过无数次这种长短期策略平衡的挑战有莫大的关系。

◇ 找准企业发展方向

　　作为一个把握企业发展全局的人，首席执行官要先为企业找准方向。市场是处于时常的变化当中的，要让企业一直稳定发展，首席执行官就要凭借其专业的知识和敏锐的直觉，为企业找到一个合理且富有远见的发展目标，从而实现相对平稳的发展。

　　为自己所掌握的企业找准方向，需要首席执行官精通战略，擅长定位，这些关键的能力缺一不可。现在尽管不少企业的首席执行官身边常常有咨询公司的帮助，但仍有人感觉这项挑战让他们非常头疼。找准方向不是说说而已，也不是一项内容单一的工作，它需要首席执行官针对以下问题做出相应的决策，并由此综合分析最适合企业发展的目标和方向。这些问题包括：

企业前进的方向是什么?

企业所处的行业发展近况以及变化如何?

企业未来的商业模式是什么?

市场的竞争格局又如何?

毫无疑问,这些问题是哪一个首席执行官在思考企业发展前景时避不开的,首席执行官必须针对这些问题一一做出详尽且贴合企业发展实际,同时具备远瞻性的回答。如果认为提出一个愿景规划就算是成功应对了这项挑战的话,这种想法就太过于简单了。仅仅是宏观的规划蓝图,内容缺少实际重点,是毫无意义的。首席执行官只是对公司发展方向做出此类回答,是远远达不到回应此项挑战的目的的。

真正去面对挑战的做法应该是,先由首席执行官为企业长远发展的未来规划设定一个明确且具体的概念,再从这个概念出发为企业的每一步发展及发展中所遇到的难题逐步提出要求。首席执行官的魄力和勇气就在这个挑战中展现出来。

现实中不止一位首席执行官的经历证明,当他们第一次为企业设定战略发展方向时,总是显得信心不足。正是这一项他们从前从未做过的,让很多新上任的首席执行官一听就生畏的工作却是评估他们管理领导水平的最具体的指标。经历了如此考验的首席执行官,就有了勇于承担风险的勇气,他们更善于在复杂的情形下为企业深思熟虑,规划出最适应企业自身特点的发展蓝图。

◇ 培养企业竞争软实力

企业的本质还是一个社会性质的组织,在这个组织内部人和人之间的关系决定了这个组织的软实力问题。人们一起工作所产生的能量大小、或正或负,都取决于人们之间的关系,积极的人际关系会给企业带来强大的软实力。既然如此，首席执行官若要培养企业竞争的软实力，就必须先从重视管理好这种人际关系和工作环境开始，这是他作为企业掌控人最重要的职责之一。

事实上，并不是每一位首席执行官都能够时时关注企业内部的人与人之间的软性问题，也并不是每一位首席执行官能够通过管理组织内部环境来推动硬性业绩的实现。综合那些成功首席执行官的经历来看，成功的一个重要因素就来自于软实力的培养，尤其是对员工的激励，充分发挥企业内部环境的管理效能，来推动企业的发展和业绩的达成。

员工是需要不断激励的，这样企业内部各个层级的潜能才能被激发出来，特别是直接完成业绩的基层员工。电子数据系统公司（EDS）的首席执行官有一个不成文的传统做法，他会定期给自己公司旗下全球 14.5 万名员工发送电子邮件，邮件的内容是公司近期的盈利情况。首席执行官这么做只是为了让员工更快更直接地了解自己所处的公司的发展状况，以及自己的工作对企业的贡献。员工在收到邮件之后，也可以针对公司的发展向首席执行官提出反馈，有时还可能是十分尖锐的意见和问题。很显然这一做法并非首席执行官的工作业务，但 EDS 的首席执行官却始终坚持了下来，还以此作为自己工作中的重要职责，也证明了此做法的优势所在。简简单单的电子邮件往来，却让最基层的员工和首席执行官之间建立起了最直接的联系，同时也优化了员工和最高管理层之间的工作关系，无形之中公司内部的关系就在积极的氛围中培育起来了。

企业的发展和人力资源的合理调度、调配关系密切，特别是在市场竞争如此激烈的今天，一个身怀多种技能的人很可能就会因为所分配岗位的不合适而瞬间成为一个毫无价值的人。因此要提升企业的软实力，首席执行官要非常清楚一个道理，选拔合适的人固然重要，如何合理配置这些人才资源与之相比更为重要。首席执行官要在合理配置人员的基础上，从管理层面上增强他们的能力。因此，首席执行官在对待人才的问题上要从提升企业的软实力上来综合考虑。这是与其他选拔人才和培养人才的工作所不同的，他需要担负起人才选拔、培养、分配和提高的全部管理过程的责任。

◇ **重视战略执行**

如上面所说，很多人会误认为首席执行官就一定是个精明的战略家或一定是个富有远见的有战略头脑的领导人物。其实不然，但有一点确实是必须保证的，首席执行官要有很强的执行力，并且他要将执行力落实到企业内外的发展中去，换句话说也就是要让企业能够自己将所制定的发展战略执行到位。总而言之，战略执行对于企业的发展的重要性是其他一切力量所无法取代的，这就要求首席执行官要将企业的战略执行力放在首位。如果一位首席执行官在企业发展的过程中总是优柔寡断，或是在困难面前知难而退，企业的发展就会因为执行力不强而遭到重创。

在全球市场化发展的浪潮下，企业对执行力的要求远比从前高得多，首席执行官更是要重视企业的战略执行。信息时代所带来的电子商务行业的兴起，势必让各行各业之间的竞争呈现一种白热化的状态，消费者由于信息的充裕而被赋予了更多的自主选择的权利，他们不再像从前一样总是被动地接受企业的宣传，而是变得更加主动。有一句广告语形象生动地形容了现如今消费者角色的转化——"他们购买的是牛排，而不是煎牛排的□□声"，显然只有实实在在的宣传才能够吸引到消费者的注意，而这一切所依靠的就是企业的执行力，只有真正意义上的执行力才能带来实质性的发展。

那么首席执行官应当如何重视企业的战略执行呢？这个看似很简单的问题却实在不简单，因为在增强执行力的过程中，总是存在着大大小小的细节，这也是作为一名首席执行官最受困扰的地方。可是优秀的首席执行官并不会惧怕这些细节和困难，反倒会觉得它们的存在正是实现自己价值的机会，同样对于企业来说，也是实现企业价值的关键所在。对此，他们从增强企业战略执行的角度出发，坚持不断地用以下问题来鞭策自己：

1. 自己的表现究竟如何？

首席执行官必须从这个问题当中获得正面的回答，简单地说，首席执行官越早预测未来会发生的事情以及企业的业绩目标，就越可以健全企业中心的管理体系。

2. 正在发生的事情自己是否了解？

企业执行力的主要要求是要从重要事件中寻求信息的最新进展。首席执行官要了解这些信息的进展须从与顾客和员工保持紧密的联系开始，只有这样，企业和市场的最新情况才能够了如指掌。沃尔玛的创始人也是它的首席执行官山姆·沃尔顿常年保持了一个习惯，就是每天都会到卖场里转转，他这么做是为了能够第一时间了解自己的卖场发生了什么。此外，万豪国际酒店的首席执行官比尔·马里奥特，一年 365 天几乎大部分时间都在走访各家分店，只为观察各家门店的日常经营情况，尽早地发现优势或是不足。应该说，作为一名优秀的首席执行官，了解企业总体的运行情况是必要的，重视战略执行的第一步就是了解日常情况，并据此采取相应的战略付诸行动。

3. 员工是否报喜不报忧？

很多时候企业都是报喜不报忧，当有不好的事情发生时，他们习惯先为坏消息辩护，或是干脆就不把坏消息告诉首席执行官。这么做，长此以往的结果，就是糟糕的情况没有得到及时的处理，一点点累积后最终到了危机的临界点，首席执行官所预先设定的业绩目标就很难实现，此时要再去挽救的话就已经为时已晚。作为首席执行官，要防止这一情况的发生，要让员工们了解报喜不报忧的危害所在。

4. 董事会是否能履行授权？

首席执行官能否很好地发挥自己的能力，取决于董事会是否合理授权，以及履行授权的结果。董事会只要能为首席执行官的战略负起责任，并对企业管理层的管理效果以及企业的市场适应情况很是关心的话，首席执行官对于企业执行力的重视才能够真正落到实处。

5. 企业里是否有一支工作高效且充满活力的团队？

首席执行官所管理的管理团队若是缺乏效率，且少有凝聚力的话，企业内部就很难有很强的执行力，因为内部的共识很难达成。首席执行官也无法创造出让人信服的企业业绩。

从企业战略执行的角度来考虑，首席执行官能否顺利完成转型，和他能够就提高执行力来调整自己的管理才能、工作理念等有关。也就是说，首席执行官预先所设定的企业业绩和目标，能不能从提升执行力的角度来完成他的追求，这是执行力所表现出来的关键。因此，首席执行官先要了解企业业务的基本情况，再就是要有一种天生对企业发展盈利方向的直觉。具备了这两个素质之后，他们就需要投入大量的精力去判断企业的走向是否准确，是否能够在短时间内发挥企业自身所具备的优势，而最终实现企业利益的最大化。

◇　全球化背景下的生存考验

企业的生存离不开必要的商业环境，企业在社会的大环境中生存下来，其目的还是为了回报社会。所以在全球化发展背景的今天，所有企业都要参与到自己所面临的全球性问题当中去，例如环保问题、健康问题、安全问题，等等。而企业的首席执行官，更应该了解企业的社会性特征，要积极倡导与企业的相关利益方一同参与到这些活动当中去，接受社会对企业提出的各项考验。

不少首席执行官在上任之后忽视了这方面的问题，他们缺乏相关经验和管理方面的常识，于是他们只是单纯关注企业的市场情况以及内部的管理队伍建设，却不知道企业自身与社会问题之间的联系，像是环保问题，又像是与其他国家社会发展的关系，等等。这些首席执行官并非不自觉去关注这些问题，简单来说，他们并不怎么知道该用什么方式去应对这些社会问题，去面对这些同他们的企业有关的相关利益群体，所以他们在工作和管理当中常常自觉不自觉地就为自己隐去了这些问题。实际上，当企业处在一个更为广阔的社会环境中，一个全球化的背景下时，要追求生存，就必须实现经营和管理理念上的大转变，而这种转变首先是从首席执行官开始的，他们要经历一个自己曾经从未经历过的环境，并在这个环境当中逐渐实现自己的转型。

◆ 转变从工作理念开始

前面说过了转型为首席执行官要面临的五大挑战，事实上归根结底还是要从工作理念上实现根本的转变。单纯就岗位的区别来说，首席执行官就同普通的管理岗位有很大的不同，所以在工作理念上必须有所区别。

◇ 从短期目标到长期发展的转变

上文提到的五大挑战中有一点就是首席执行官要学会在短期目标和长期利益中取得平衡，再给企业规划定量的业绩指标。尽管很多时候大家会认为长期的计划显得更重要，但与此同时又无法接受短期内企业毫无变化。这种矛盾心理是不利于企业自身观念和经营方向的转变的，要知道一种企业文化的形成和改革需要有长时间的保证，包括业绩目标的实现都有一个必经的过程，而这一过程往往不可能在短时间内取得。因此，首席执行官比起其他管理者来说，应该付出更多的耐心去期待企业循序渐进的转型，而不是急功近利地要求短时间内取得成效。这本身就是个巨大的挑战，它不可能让首席执行官同其他员工一样在自己的职业生涯中快速实现自己的价值。它是缓慢的，但同时也是考验首席执行官远见的一个关键点。在首席执行官们常犯的错误当中，有一个就是他们常常会在实现充分实施和产生量化的结果之前就轻易地放弃一个周期很长的项目，比如质量改进的项目，这样做的结果就是让企业错失了一个极好的发展机会。

首席执行官常犯的错误还包括他们有时很难将自己的注意力只集中在几个主要项目上。对于事业部的经理和集团的高管来说，目标是一长串的，而一个接着一个的实现便是他们获得成就感的最终来源。但是首席执行官与他们不同，他所接触的项目数量不多，而且周期都比较长，于是要从中获得成就感总会显得比高管们难得多，仅有的几个项目就很难叫他轻易满足。就比如有首席执行官期望改变企业的一贯形象，这种项目没有几年的时间是无法达到的。那么从管理层到首席执行官就要适应这种目标实现周期的转变。从前是快速实现多个短期目标，换到首席执行官的岗位上就常常是要为了一个长远的目标而奋斗。因此首席执行官所面临的是一个看似悖论的问题，一方面长远目标的实现和成就感的满足需要一定的耐性，其次又要为实现这一目标中的一个个短期业绩而努力。要解决这个问题不是没有办法，无非就是要让首席执行官学会在处理不同问题上用不同的速度，张弛有道，绝对不能在工作上一刀切，或是用错方法。在长短期目标中寻求一个平衡的支点是身为一个合格的首席执行官必须掌握的第一项能力。

◇ 学会听取董事会的意见

听取董事会意见是首席执行官工作理念转变的又一关键。首席执行官大多数时候都掌控着企业的生杀大权，特别是在企业的业务局面上，要让他们悉心听取他人的建议有时候不得不说是巨大的挑战，他要实现一次自我角色定位的转变。通常情况下，管理层所获得的建议都来自于自己的同事、上司，而对于首席执行官来说，他们不但能吸收来自于员工、同事的意见，还要关注董事会的动向，更主要的是，董事会的建议和员工的想法有着很大的不同。董事会成员相比业界的同行来说显得不那么专业，他们可能会提出比较肤浅的建议，还常常缺乏实际的依据。有时候，董事会甚至会提出一些与首席执行官所提出的战略目标或是战略决策相悖的建议。不少首席执行官都会因此而低估来自董事会的建议，甚至是拒绝听取他们的建议。

事实上，董事会的建议是不是都一文不值呢？当然不是。首席执行官在掌控企业发展全局时，还要注意保持对董事会的开放姿态，悉心听取来自董事会成员所提出的各种意见和建议，虚心坚持学习的态度，这才是一个成熟的首席执行官的做法，多接纳他人的建议有利于首席执行官拿出适当的决策。即便是董事会成员所提的建议不够有见地，但也必须保证他们有这个权利，且他们所提出来的建议能够被重视。

◇ 善于发问

听取他人意见的前提是善于向他人发问，作为首席执行官，若是要得到各方的意见，首先就要学会如何向他人提出问题。纵观成功的首席执行官的经历，都免不了要向各种利益群体，包括企业内部的各种管理层和员工提出问题，再听取他们的意见和建议。

　　向他人提问，这种做法听起来与以往观念中的首席执行官凭直觉来做出判断的做法几乎是对立的。传统观念中，首席执行官作为一个企业业务管理层面最高的管理者，必然是手握大权，有着很强的自尊心，那又何必总是去向他人询问企业发展的问题呢？传统思维当中已经将首席执行官视为一个集权力于一身的人，现实当中确实有不少人是因为强悍的作风和精于权谋才最终爬上了首席执行官的岗位，但倘若在担任首席执行官期间，还不对权力加以节制的话，势必会成为他们向前发展的一大障碍。尽管首席执行官在企业业务发展的决策上拥有其他管理层所不具备的职务权力，但这种权力并非豪无克制的。只有优秀的首席执行官懂得如此有效地凭借手上的职务权力，更好地运转整个企业，调动各种力量来为自己的企业服务。因为他们心里很清楚，被动地让人臣服绝不是最佳方案，用职务权力来压制自己的员工最终只会是适得其反，只有那些非职务的影响力才能充分调动员工内心的积极性和创造性，也只有这种力量可以持久。所以，学会向员工、管理层以及各方利益群体提问，是首席执行官提升自身非职务影响力的关键所在。真正有影响力的首席执行官都习惯于与各方利益群体去分享自己的远见，以期激发他们的兴趣，最终的目的是为了调动员工的工作积极性和创造性，推动企业健康发展。

　　首席执行官最忌讳的就是刚愎自用，蛮横无理，总将自己视为企业的首脑，从不向他人提问，也不愿意听取他人的反馈。时间一长，他就很难听到真诚的意见，也不会有人愿意向其提出有建设性的意见，也无人敢与其意见相左。当然现实当中的首席执行官绝大多数不可能如此嚣张跋扈，不可能如此极端，但也有不少人不习惯去充分理解和广泛听取自己身边的不同声音。他们或许有人喜欢在固定的时间向自己信赖的顾问发出咨询，但这么做远远不够，对于一个企业来说，仅仅听取一方之言是难以做到周全考虑的，有时候换个角度思考或许更有利于企业的发展。

◆ 警惕危机信号

新任的首席执行官会发现，自己上任的初期企业的业绩多会有所下滑，这是个很明显的危机信号，这一般来说和首席执行官的转型成功与否并无太大关系，但是新任首席执行官如何应对这次危机，却可以反映出他在转型中的不少问题。很多时候这种反映不够明显，要细细去分辨才会看出他所遭遇的困境，概括起来以下四种行为和态度都能说明首席执行官已经遇上了难题。

◇ 忽略企业目标实现过程

提到企业的目标实现过程，就不能不说到上面说到的企业战略执行力的问题。新上任的首席执行官通常对如何制定和执行企业战略还有些茫然。从他们上任后的一言一行就能发现，与其说他们不重视提升企业的战略执行力，不如说他们尚未找到最合适企业执行的方法和途径，例如他们往往不知道该如何配置资源，也不知道该如何让一个发展的细节落到实处。至于首席执行官自身的影响力作用，新上任的首席执行官们也很难巧妙地应用到位，在组织出现惰性或是其他障碍时，他们都难以以自身价值和力量来排解。这些新首席执行官们对于战略实践没有具体的想法，于是，很多企业具体运营中的实际情况缺少检查和评估，员工和管理层的意见也没有被听取和采纳，甚至连客户的反馈意见都被忽略，这明显是企业战略执行不到位的最基本表现。

只不过上述提到的这些迹象却很不容易被察觉。直到最终被察觉时，已经是财务制表滑坡了，这也说明了刚刚上任的首席执行官在执行上存在的问题已经十分严重了。正因为如此，很多新的首席执行官在茫茫然间就让自己企业的利润蒙受了惊人的损失，可当他们察觉时，小问题已经慢慢积累成了重点的问题。概括地说，正是由于他们对企业运作各方面细节执行的忽视导致了企业的不健康运转，最终造成利润的滑坡。

小公司的运转或许对于首席执行官来说困难还不大，短时间内他就可以掌握企业的运作状况，可是一个有着高成长起点，且处于复杂行业中的大型企业，要熟悉企业的各项业务和运营的情况是需要花费一定时间的。担任此类企业的首席执行官，只是一意孤行，不广泛与各个利益群体接触，或是干脆把执行交付于他人的话，就很难实现自我角色的转型。

◇ 忽视或是过于频繁与外界交往

首席执行官与外界的交往是极其必要的。在不少人看来，与客户见面、官方会议以及社区活动等社交活动对首席执行官的意义不大，这种观点其实是种误会。首席执行官对外的形象代表的是企业的形象，他有很大一部分职责就是要同外界接触，以此树立个人和企业的良好形象。

当然不排除也有些首席执行官也会因为这种角色的诱惑力，而放弃自己其他更重要的职责。这样一来也就会让企业的内部执行无人负责。因此，不论是过分重视对外接触，还是对其视若无睹都不对，过于倾向任何一边，另外一边都会跟着出问题。忙于外界应酬而忽略内部管理势必会让企业失去发展的重心，而只执着于内部发展战略却忽视外界交往的话，也会让企业在市场竞争中被孤立。

◇ 软实力建设中缺少投入

前面提到过企业软实力的建设，这是首席执行官上任之后面临的一大挑战，而软实力的构建中最重要的部分便是处理好人事管理，以及调配企业内部的人力资源。相较于处理企业产品问题，人的问题总显得困难许多，因此很多首席执行官都会在这个问题上有意地避开，就比如有些首席执行官虽然很重视企业内部的团队建设，却从未在意过选拔和培养管理层人才的工作，这也是另一种层面上很明确地对企业软实力缺乏重视的表现，首席执行官在这项工作上缺少相应的时间和人力的投入。与之类似的忽视软实力建设的做法还有任人唯亲。不少首席执行官在上任之后就开始在一些重要的管理岗位上安排自己的亲戚或是亲近的朋友，到最后环绕在自己身边的人都是熟悉的朋友。不可否认的是，首席执行官有选拔和培养人才的权力，可是这并不代表着首席执行官在企业内部大兴任何形式的裙带关系，他的做法会给企业内部的员工传递一种不健康的讯息。企业内部因为首席执行官个人原因出现裙带关系，原本优秀的员工会因此丧失工作积极性，员工也不愿意坦诚地面对管理层，提出对企业发展的意见和反馈，工作不过是应付了事。

因此，作为首席执行官，要构建企业的软实力，协调好内部的人际关系，关键还在于建立一个公平公正的岗位选拔机制，明确权责关系。

◇ 董事会反复追问一个问题

持有企业股份的股民在企业业绩未达到预期目标时，就会开始审查企业此前的各项工作，要求从中发现问题，与此同时，董事会也会在股民的压力下追问首席执行官，他们也会跟着提出很多很尖锐的问题。此时的首席执行官在董事会和股民面前若拿不出一个令他们满意的答案的话，就会被反复追问，与董事会成员之间的关系因此陷入了麻烦之中。尽管大多数时候董事会并非与首席执行官之间存在敌意，但也足以说明始终被董事会追问的首席执行官确实存在一定的管理上的问题，或者是缺乏某项关键的管理技能，或者是工作理念还没有完全转变，或者是还不够了解首席执行官的职责。

◆ 首席执行官培养路径

　　培养一个成熟的首席执行官要面临多重考验，也要经历管理能力发展的多个阶段。无论采用哪种途径培养首席执行官，这些阶段都是必经的，每一个阶段都有利于塑造首席执行官的某项管理才能。现实情况中，越级担任首席执行官的例子也不少见，这种情况下，管理者从管理层成为首席执行官就未必经历了必经的阶段，缺少相应经验的他们就要为了迎接各种挑战而付出艰辛的努力。不管是对他人劳动和成功的重视，或是对企业内部各种业务部门业务的熟悉程度，越级培养的首席执行官都有很大的缺陷。一步一步按部就班来培养首席执行官的管理技能、管理能力以及工作理念，会对首席执行官自身产生持续性的影响。

◇ 理想的成长途径

　　从首席执行官的培养途径来看，最理想的成长方法应当是早期就开始在企业内部的多个职能部门积累了丰富的工作经验后再担任首席执行官。因此早期管理者的经验累积是十分必要的，它有利于培养首席执行官候选者的领导水平，在不同的阶段、在不同的业务部门从事具体的工作可以帮助他们迅速熟悉企业的业务和发展动态。在职务晋升阶段，这些管理者还应该有至少一次的海外任职经历，慢慢地随着企业业务规模的扩大，晋升为企业的高级管理层，最终成为企业的首席执行官。应该说，在这一成长经历当中，业务部门的管理工作是他们成长的关键，其中包含了管理一个新兴的业务部门和振兴一个正面临衰落的业务部门。首席执行官的成长历程中，必须要通过这种途径来获得诸多正式和非正式的教练辅导，并以此作为提升自己的一个重要课程。

◇ **高管转型首席执行官的有效方式**

首席执行官若是从企业的高管转型而来的，那最行之有效的培养途径应该是首先让他们接触新的业务群组，参与到管理中去。他们在这个同从前所管理的市场、产品和客户大相径庭的领域当中，熟悉全新的业务领域。采用这种培养方式是有助于帮助他们做好上任前的各种准备的。毕竟企业的管理要远不止一项业务，有着众多挑战，如果连一个全新的业务管理都无法顺利推进的话，那也就谈不上在首席执行官的岗位上管理好整个企业了。

除此以外，还有一个比较有效的方法，就是让这些将担任首席执行官的高管们主管企业的人力资源部门。选择人力资源作为培养的部门的意图就在于很多高管容易对此部门的业务不屑一顾，既然曾经不在乎，那么在培养的过程中就越要经历这方面的锻炼。从首席执行官必备的基本素质来看，对人力资源进行仔细、详尽的分析，对团队建设的长期规划是担任首席执行官的基本功。充分熟悉人力资源部门的工作流程，肯定该部门的重要性，有利于首席执行官在上任之后更积极地开发企业内部的人力资源，以提升企业的软实力。

对于高管而言，在晋升首席执行官之前，还有一个颇为有效的方式，那就是广泛地接触董事会成员和专业的分析师。此处所说的接触不仅仅是让高管们列席会议，还要让董事会赋予他们更多的责任，包括陈述相关的业务报告，让他们在接触中了解董事会的意图以及分析师的期望。

高管到新任首席执行官的角色转型伴随着工作中的学习，能够顺利完成转型的首席执行官一定是抱持着开放的心态来面对每一个学习机会，无论是商业论坛还是社交平台，他们总是习惯去抓住每一个与其他首席执行官交流的机会，从中获益。同时也在各种与其他群体的接触中保持着对知识的很高的敏感度。

企业里的首席执行官在选拔时经常是以智商水平和战略能力作为基本标准的，因此不少首席执行官都来自于咨询顾问。那么这种最为常见的人才选拔标准是否能够打造出成功的首席执行官呢？从实际的情况来看，咨询顾问出身的首席执行官的表现并不出色，甚至还有些糟糕，之所以有如此的结果，原因还是在于他们一般直接被推选为高管，随后就成为了首席执行官，这过程中缺少了必要的管理能力的阶段训练。

从管理的层面来说，首席执行官需要很高的智慧，但这不是全部的要求。首席执行官管理整个企业，还要有确保企业战略执行的管理能力，他们要善于选拔人才，合理分配人力资源，以及评估企业的业绩，对内对外确立良好的形象。缺少了这些能力的首席执行官，光有向董事会做陈述报告的高智商，也是无法成功的。咨询顾问，对企业所处的内外环境有一定的了解，但是由于他们在从咨询顾问到首席执行官的转型过程中，少了其他素质和能力的训练，因此难以对员工和基层工作有很充分的了解，也就很难对企业内部的人力资源进行合理的调配，必然是会失败的。

所以说，在选拔首席执行官人选时，要充分考虑的一点就是让首席执行官上任之后，能够有能力保证获得成功。这就需要详细周全地思考以下几个问题。

◇ **适应角色转型的时间**

首席执行官的管理角色转型并非易事，工作的复杂性注定了这是个比较长的过程。一般估计，新任的首席执行官要适应新的角色和新的工作需要两年左右的时间，这当中他要熟悉企业的业务，要了解企业的内部文化，构建企业的软实力，构建一个团结高效的管理团队，为企业制定合适的战略发展目标，等等。若是企业正处于逆境中，这时间还有可能会延长 3—4 年。

◇ 首席执行官的特征

选拔一个合适的首席执行官，技能、性格等方面的特征也是需要着重考虑的。既然对首席执行官需要完成的企业长短期目标有着一定的要求，那候选人的经验、技能、能力和性格特征等指标都要非常清晰明确，只有考虑周全了才能选出最合适的人选。选拔首席执行官要用这些指标来全面地进行评估，随后再进行长期且周密的培养，如此选拔出的人才才更适合担任首席执行官。那么在个人特征上有哪些要求呢？应该说，主要有以下三个方面。

1. 他要有很强烈的使命感，要有能够为企业业绩愿景奋斗的决心。

2. 心中对于企业的发展有一个清晰的构想。

3. 能够积极与社会利益各方有效沟通，并对企业的愿景、战略和执行计划形成共识。

第四部分

实例与法则
——领导参考（Consult）

　　管理是变化莫测的艺术，领导自然也各有千秋。不管采取什么样的手段与方法，领导最终的目的都是为了让组织、团体、关系在正常的轨道上运行，保证工作的正常进行。在此将许多成功的或者说是不太成功的实例展现出来，供大家揣摩。管理跟其他艺术一样，也有自己的法则，遵循这些法则，驾驭自己、他人、团体、关系等，就会显得容易许多。

第十一课　如何在中小型合伙企业中做一个领导者

大多数中小企业，包括专业性组织，如律师、会计师事务所、管理咨询、金融机构、诊所等都属于最高领导者和很多人处于平级状态的合作性组织。通常情况下，中小型企业的领导者都是由合伙人推举所产生。刚上任时，他们只是被假设有能力胜任该项领导工作。但只要一进入工作状态，他们就会开始思考如何使组织更好地不断发展，以及怎样立足于变化莫测的经济环境当中，并保持竞争优势，树立自己的想法。

◆ 中小型合伙企业案例

汤淼加入了当时非常好的会计和咨询服务机构之一的 Time。汤淼在 Time 工作 10 年后，他成为公司的合伙人，并在 1967 年被委派成为费城分所的负责人，担任美国公司的首席执行官一职，直至 1972 年。同时在 1974 年他又成为了 Time International 的 CEO。

汤森当时年仅 37 岁，是 Time 创立以来，甚至也可能是所有大型会计事务所和咨询服务机构中最年轻的执行合伙人。所以刚刚出任 CEO 这一职位时，汤森对如何管理这家大型机构完全不知所措。

但是，在汤森任职的 10 年间，原本在 50 多个国家拥有 300 家以上分支机构的 Time，已经拥有了超过 400 家的分支机构，公司更是遍布在全球 90 多个国家。同时各个国家的分支机构都是财务独立的，而且都有自己所属的董事会。公司所在国家不同，既不存在任何利润分摊，也毫无财务上的关联。但所有分支机构都有一个共同需求，那就是希望汤森可以以美国公司首席执行官以及 Time International CEO 的身份偶尔在分支机构现身。

假设，身为 CEO 的汤森如果每年都需要亲自到访所有的分支机构，那他哪儿还会有时间处理其他事务呢？更何况，还有更多的事务需要汤森来涉足，例如不同的经营习惯、风土人情以及知识等。

在美国，董事会负责管理公司，而董事会主席则完全独立于 CEO 和执行合伙人。一般情况下，公司有三大机构，一是管理委员会，是由大约 15 位来自不同地区的代表组成的执行委员会，主要负责管理；二是国际性事务的执行委员会，是由公司业务主要所在国的代表组成，主要负责国际性事务；三是国际性监管机构，是由公司业务所在国家代表组成，主要负责监管。

汤森所"管理"的这家国际性公司就是这样的一种环境。

◇ 分析

曾经花费大量时间与前任执行合伙人一起工作的著名学者彼得·德鲁克（Peter Drucker），在他的书中称，一些组织的架构太过复杂，以至于领导者们无法实现有效管理。而只要一提到这些架构太过复杂的组织时，首先被想到的当属跨国会计师事务所以及咨询公司。

在这种中小型企业当中，专业人员极度缺乏，同时人员的流动性也较大。预期能够成为组织既定发展力量的主力军们，如果他们工作得不愉快，很容易就可以在新的组织里找到工作的机会。所以，身为中小企业的领导者，就需要更高的人际交往技能。

身处这种复杂的管理环境之下，上述案例中的汤淼请教了自己的执行合伙人和导师罗伯特·拜耳（Robert Beyer），并通过自身的体验和经历产生了自己独树一帜的观点和独特的做法。

◆ 中小型合伙企业成功的秘诀：科学领导

身为美国教育管理公司主席，同时又是缅因州（美国东北角的州）前任州长的约翰·麦克曼说过："对于一个领导者而言，领导其他合伙人既最具挑战性，但同时也最具回报。当你的合伙人被你领导时，他已经成为了追随你的人，因为你所采取的行动会被他们所拥护。而这也意味着你要表达出一种愿景，既被所有人所拥护和支持，也引人注目，同时，你和合伙人之间必须建立一种完全信任的关系，因为他愿意跟随你。这也是当你能够将不同部门的团队组建在一起，并为大家想要实现的共同目标努力的时候，这件事自身就是最大回报的原因。"

那么，身为中小型企业的管理者，什么办法和手段是最为有效的呢？

◇ 沟通方式正确选择

沟通，是领导合伙式企业的关键所在，当然建立领导的个人魅力也是必不可少的。只有持续不断地进行沟通，人们才会知道发生了什么事情。否则当流言四起，五花八门的流言时常传入其他合伙人耳中时，你只会处于一种防御性的地位。新闻报刊报道了公司的发展状况，面临着怎样的问题以及相关的对策，这让所有人相信他们是知道公司正在稳步向前发展的。然而显而易见，很多事情他们并不知情，但是，他们对最重要的事情是了如指掌的。

1. 学会聆听

第一，你必须懂得聆听合伙人的声音，使你设定的战略计划和发展方向被他们所接受认同，并确保得到他们与之相匹配的持续投入。美国公司的合伙人和 Time International 的董事会每年都会对汤淼的能力进行投票表决，而他们则都是汤淼正在领导的合伙人以及同事，试问能有多少 CEO 愿意接受这样的投票表决？

当汤淼被选举为执行合伙人时，年仅 37 岁的他没有丝毫关于如何管理这样一种复杂组织的概念。虽然他接受了公司的前任执行合伙人罗伯特·拜耳的在职培训，但罗伯特·拜耳在汤淼正式上任前的 4 个月却突发疾病，无法胜任原有职位。在刚开始的几个星期里，公司一直处在群龙无首的状态中，对于如何处理某些事情，很多人打电话询问汤淼，甚至有人开始质疑汤淼的这次选任是否有效。因为公司有一套可以在执行合伙人不能出任时启用的任命临时执行合伙人的程序。

在公司处于这种无序、混乱的状态几个星期后，汤淼下定决心搬到了位于纽约分所的空办公室，而且就在拜耳的旁边。同时，他召开大会，告知同事们：直到拜耳身体恢复可以回来上班，他将都在纽约办公。同时在这段时间内，他将接受公司的任命，担任执行合伙人一职。尽管汤淼对自己的所言是否具有法律效力并不能确定，但幸运的是，汤淼的地位并没有遭到任何质疑。

公司终于进入了正常运作。但不久之后，公司就又深陷危机，面临着生死存亡。Time 陷入了一场长期未决的债务案件，主要发生在一家西海岸客户和美国共同基金公司之间。若 Time 公司被判定为败诉的话，将要赔偿对方 9000 万美元。净值仅有 5000 万美元左右的 Time 公司，即使再加上 5000 万美元的职业保险，一旦案子败诉，就几乎陷入破产的危险境地。

而此时的汤淼才刚刚上任不久。同时，被牵扯进这个案件中的还有美国证券交易委员会（SEC）。甚至在汤淼刚刚搬进新家，位于康内迪格州格林威治镇的高档小区不久后，《纽约时报》企业版首页就刊登了汤淼和 SEC 首席会计师的照片，并标有"Time 被 SEC 责难"一题，当时汤淼认为他的新邻居肯定觉得他是某种白领骗子。

通过和同事们进行反复的沟通和商议，汤淼终于找到了解决的方案，不超过 5000 万美元就成功地解决了这一挑战。

身为一家跨国专业服务机构的领导人，这是汤淼曾经面临的挑战，而在解决的过程中，聆听合伙人的声音则发挥了至关重要的作用。要知道，汤淼每年都会接受今后要领导的对象们的秘密表决，因为大家都希望公司的运行能够像平等合伙企业一样。但由于组织的结构大型又复杂，而且公司不同机构之间毫无财务关联，所以对于美国公司之外的其他合伙人的薪酬汤淼并不能决定。而这些无一不要求汤淼必须学会如何更加谨慎地管理公司。

2. 树立诚信

在管理公司的过程中，聆听合伙人的声音固然重要，但同时还需要建立并维持自己的诚信地位，让言出必行、言行一致的气魄展现在合伙人的面前。

你需要对合伙人进行评估，使之能够帮助你执行战略，而对于相左的问题，找到正确的解决方法；你还需要通过选择，在众多合伙人当中找出适合执行属于你的战略人员，进而由持续的沟通、战略进展的评估来逐步树立诚信地位。

汤淼·丹尼尔斯，全球知名咨询公司麦肯锡 1976—1988 年的领导者。他在之前接受媒体专访时，对于如何管理麦肯锡这种大型合伙式企业这个问题，回答说，其实并不那么困难，因为他的正直已经得到了同事们的信任。确实，他的说法不无道理，因为只要你在企业中树立了正直、诚信的良好形象，你就会得到其他合伙人的信任，为了战略的成功，你们共同努力、精诚合作。

当然有效的交流和沟通也有利于你赢得信任，并为你个人的诚信打下坚实的基础。要知道，如果你没有取得合伙人的信任，那么无须开始领导，你已经等同于淘汰出局了。

你可以通过以下四个方法树立诚信地位：

在需要快速决策或进行某项行动时，尽量展现出自己的实际行动力。

变成一个优秀的推销员，使自己更具说服力，能把自己的策略和想法成功推销给其他合伙人。

懂得分辨领导层中拥有不同目标的同伴，并通过现有条件帮助他们实现目标。

展现出你的魄力与能力，例如放开薪酬权利，让公司更加茁壮成长，并更具竞争实力。

◇ 工作时间合理安排

作为一家大企业，Time 的合伙人各处都有。因此，汤淼不得不到处发掘可以提供给这些合伙人的东西。然而就在这互相接触、合作的过程中，Time 建立起了一套可以有效促进各家分支机构成长、增加利润的从其他国家进行企业提名的体系。与此同时，在经过多次商讨研究后，汤淼和其他合伙人为各家机构引进了新产品，并与之进行相互合作，如在培训及其他需要被提供支持的方面。

但这也意味着汤淼需要经常出差，因为他必须去和不同的人进行面对面的沟通和交流。所以，在 Time 公司担任 CEO 一职的 10 年里，汤淼几乎每年的旅程都超过 20 万英里。

而 20 万英里大概等同于一个人每个月都环游世界一趟！

汤淼经常在周末参加格林威治镇晚宴，而在晚宴上他被问到最多的问题就是，这周又到哪里出差了。因为在他们眼里，出差是一件令人兴奋激动的事情，但实际上，汤淼只是在旅店、办公室以及饭馆、机场之间往返。这种感觉，相信每位领导人都感同身受。

更何况，汤淼还是一位丈夫和 4 个年幼孩子的父亲，而这些无一不要求汤淼学会合理安排和计划时间。例如：汤淼每年都会选择花 6 周时间去陪伴家人，而非去打高尔夫球，并且尽量在每周的周末回到家中一家人团聚。至于其余的时间，他几乎全部用于工作。所以在纽约，有一套汤淼的公寓，但是由于客户的原因，哪怕不需要出差，汤淼也得平均每周参加两次煎熬的晚宴。任职 10 年，也就意味着参加过 1000 次煎熬的晚宴。

因此，在这个过程中，即使时间有限，你也必须学会合理安排，既可以保持自己正常愉快的家庭生活，又同时兼顾工作，最大限度地提高工作效率。

◇ **重新引导工作员工**

身为一名领导者，必须有重新引导员工的实力。如果你缺乏这种实力，正直且拼命工作的员工们的努力就会遭到他人的破坏。反之，他们可以变成一股积极的力量，而不会因为无能只好依赖裙带关系。

汤淼在刚刚成为执行合伙人的几个月时间里，就为 Time 公司规划了一个愿景：在保持"一家企业"的前提下，使公司成为专业服务的"最佳机构"。

"一家企业"，也就是意味着不论是合伙人还是员工都必须按照一个团队的方式进行思考——当面临一个重要决定时，必须抛开一切障碍通力，保证合作得以顺利进行。

约翰，Time 曾经的战略计划领导者，同时也是汤淼的同事，他说："拉塞尔·帕尔默提出了令人振奋的口号——'做到最好'。于是我们开发了定期和新闻报刊沟通公司的共同愿景的 P 计划。"

为了使这种愿景能够实现，Time 公司不得不另聘人员来从事相应的工作。汤淼在和一组合伙人共同合作后，得出了一个计划，不仅可以有助于他们与其他竞争对手区别开来，更能够使公司成为杰出的企业，相信这对绝大多数合伙人来说是一件困难且痛苦的事情。

最初在美国成立的 Time 公司，通过对 50 多家企业进行并购后，成为一家好像全部由一系列封地拼凑而成的联合体。一些人虽被并购成为公司的合伙人，却任用亲信，并仍然按照自己的模式经营。由于这种裙带关系，他们关注的往往并不是整个组织的目标，而仅仅是自己的利益。

假使 Time 继续沿用联合体方式，即唯一共同点仅仅是拥有相同公司名称的方式运作的话，他们绝对无法与八大事务所的其他几家相抗衡。因此汤淼和其他合伙人的首要任务就是制定出战略，以帮助他们克服这种限制。

1974 年，当汤淼刚刚担任 Time 公司的执行合伙人兼 CEO 时，这种情况时有发生。一次，Time 公司在法国的分所，在运营过程中陷入了危机。

由于分所的领导万事皆管，但却不愿意做出任何改变，不是一个真正的合伙人。所以为了公司的发展，汤淼不得不完成一项艰难的任务——劝他退休、加之购买他的股份，但是因为汤淼既没有法国公司的控股权，也没有可以直接命令的权力，再加上欧洲的公司密切关注一切的发展，这使得任务的完成难上加难。

然而后来汤淼从其他国家取得了这家公司 50%的咨询业务，并凭借这一筹码成功完成任务。这是因为一旦法国公司被拿走这项业务，就会遭遇极大的危机，为了生存下去，法国公司只好接受这一决定。

另外一个麻烦也困扰着刚刚上任的汤淼：一些公司合伙人带有一些不利于工作的问题，例如酗酒严重等。汤淼只得选择提醒他们，如果不尽快停止这些不利于工作的行为，就会被劝退。

在完成这些工作的过程中，你必须处理得当。因为这些做法会造成极大的影响，并且时刻被人们关注着，一旦你付诸行动，整个公司可能就会流言四起，造成不利的影响。

◇ **制定激励型薪资体系**

在提出公司的共同愿景和一系列共同目标后，就必须要对如何激励员工们来实现它们进行思考。对于合伙式企业来说，这无疑是一件极度复杂的事情。

在 Time 公司，汤淼通过对薪酬体系的管理，加之其他方法的配合，最终实现了它。同时在 Time International 和美国公司，汤淼也制定了一个战略计划。在美国，合伙人的薪酬体系是和这个战略计划息息相关的，对于这个计划的内容，汤淼确保董事会一清二楚，并由执行委员会来实现。

利润、成长、质量、员工、与外界的联系以及他们做出的贡献是薪酬体系制定的六大主要根据。但是在执行的过程中，汤淼一直不断衡量着这个战略计划与各个领域中相关的执行计划，并根据公司当时的重点对短期目标和薪酬体系不断进行调整。

但要切记，保持计划的长期可持续发展。

让公司从八大事务所中最小最新的机构，至少提升到中间水平是 Time 公司的长期计划。虽然一些人对 Time 公司是八大事务所之一这一观点一直持否定态度。但这也会起到激励作用，不断鼓励着公司员工做到更好，从而一步步实现这个目标。

在 Time 公司已经拥有了 50 个以上被合并的组织时，由于一些合伙人对公司所建立的合作标准并不认同，还有一些合伙人低于公司对合伙管理这个层面所提出的要求。所以汤淼通过"提前退休"这一方式，使公司的合伙关系得到大大的加强。

对于当今的四大会计事务所而言说，"提前退休"十分普遍，但早在 20 世纪 70 年代，这还是十分罕见的，尤其是短时间内 150 多人的合伙人身份被解除了。

汤淼要求执行委员会的每位成员必须列出他们认为需要"剔除"的合伙人名单，然后进行汇总，根据汇总结果与产生的应剔除的合伙人进行谈话，最后才最终确定将被劝退的人员名单。

通过"提前退休"这一方式，Time 公司变得更加强大。

◆ 懂得发挥企业优势

　　和大企业相比，中小型合伙企业虽然既没有规模，也没有规范的规章制度，但也有其自身的优势和特点。如果可以好好利用这些优势，则可以产生意想不到的结果。

　　那么，究竟怎样找出这些优势，并使之发扬光大呢？

◇ 诚实与正直——合伙人必备要素

　　由于此行业令人质疑的操作惯例普遍存在，所以在 Time 公司决定收购学校的初期，没有一个人愿意借钱给他们。然而汤淼却需要额外的资本，所以他引进了一位合伙人，占这项业务 45%的股权。

　　吉姆·沃尔特，就是这位合伙人。1987 年，吉姆·沃尔特公司——吉姆自己的家族产业被他以超过 33 亿美元的价格出售给了科尔伯特·克拉文斯·罗伯特公司——精通杠杆收购的金融资本家，因此他也挣了很多钱。

　　吉姆虽然是一位守旧的生意人，但也是汤淼愿意与之合作的人。汤淼对他充分了解后，去见了他，并告诉他说："吉姆，我们准备做这个生意，希望你可以成为我们的合伙人。"他说好。汤淼接着说，对于何时收购学校，Time 公司并不确定，但是，只要他们进行收购，汤淼会支付总价款的 55%，而其余的45%需要他支付；除此此外，对于其他资金，他们并不需要筹借，但不包括卖方的债务。他还是说好。而当汤淼询问他希望彼此之间达成一种怎样的协议时，吉姆只告诉他说："我没有任何意见，你拟订就好。"

当汤淼把股东协议送给吉姆，并打电话询问他是否已经阅读过时，却得到"完全没有"这样的回答。因为看人进行投资，正是吉姆的哲学所在。作为一名投资者，他非常精明。并且投资决定，完全取决于自己对对方是否熟悉、信任和尊重。而这样做的结果就是，当今投资者所要担忧的所有问题他都不必担心。他对汤淼说："对于你的正直，我深信不疑。所以，任何合同都比不上两个诚实正直的人合作一样有效。"

由此可以看出，选择正确的人进行合作是何其重要。对于一些合同上没有明确列出的事项，汤淼常常会站在吉姆的角度去处理，并且吉姆也相信他。这就是直到 2000 年 1 月吉姆去世之前他们一直都是合伙人的重要原因。在他去世后，除了生前告诉过夫人绝对不能出售的股份外，绝大部分遗留给自己孩子们的股份都被汤淼回购了。因为在他临终之前告诉过夫人，除非 Time 公司退出，否则必须一直持有这笔投资。而根据吉姆的建议，她也挣到了很多钱。

通过这笔生意，汤淼学到了许多用人的道理。沃顿有很多不错的教师，虽然那儿也有一些不友善的人存在，但基本上他们都是好人。同样，Time 的合伙人也都很优秀。身处商业环境之中，你会遇到形形色色的人，但妥善安排好那些你信任并且诚实正直的人，才是最重要的。所以，无论你准备涉足哪一种组织，必须谨记，双方都要诚实和正直。而拥有 15 年企业经营和投资经验的汤淼，就是在偏离这条原则和与一些不是这种类型的人合作当中，遭遇了自己最为糟糕的经历。

◇ 合伙人多样化

合伙人多样化是 Time 公司的优势来源之一。Time 公司的员工各式各样：有留胡子的，有肌肉发达的，有不同国籍的，还有道德标准不同的。

虽然现在大多数会计师事务所的新人超过 50%以上都是女性，但事实上，直到 20 世纪 70 年代，一些公司才刚刚开始明文规定可以雇用女性。然而自 1946 年 Time 公司成立伊始，公司就已经开始雇用女性职员，而且公司很多高级管理职位都是由女性担任，而汤淼的第一位上司也是一位女性。

例如帕布洛·卡萨尔斯（Pablo Casals），世界上最杰出的大提琴演奏家，也许你会认为在其他方面他就如同你的邻居，是个普通人，但事实并非如此。卓越的人之所以卓越并不是因为他在某个方面突出，而是因为他们在很多方面都显示出与众不同的一面。

毫不夸张地说，Time 公司的合伙人都是十分优秀的，不仅仅是因为他们的多元化，更是因为他们的不同凡响。

身为领导者，你必须充分理解并尽最大的努力适应这一点：卓越的人并不仅仅在自己擅长的方面鹤立鸡群，在其他方面也与众不同。

如果想要成为一名合格的合伙人，你必须凭借自己的价值、智慧以及对公司做出的贡献，而不是仅仅依靠裙带或亲属关系。

为了不让优秀的人才流失，公司必须制定出一个合理的晋升机制，当然如果不能成长为合格的优秀合伙人，就只能按照常规的方式遭到淘汰，离开公司。

◇ 员工职业生涯可持续发展

身为一个合格的领导人，你需要帮助员工们制定可持续发展的职业生涯计划以帮助他们走上领导之路。即使你觉得他们足够优秀，你也需要如此做。

然而事实上，引导专业人员走向新方向是极度困难的，其他类型的组织也面临着相同的情况。

20 世纪 70 年代末，计算机被应用于审计工作，开始盛行于 Time 的专业领域。为了利用新工具来提高公司的审计效率，降低成本，公司为年轻员工们购买了大量的计算机，同时也提供给他们培训的机会。然而当后来汤淼就使用计算机进行审计的人数开展调查时，却发现真正使用的人数少之又少。

当汤淼注意到这种情况的发生，并期望找出原因时，他发现，由于他们的合伙人不懂得计算机审计，所以他们不希望使用计算机。尽管年轻的职员们希望使用计算机，但是由于高级合伙人，他们不得不继续采用原有的方式进行审计。

因此汤淼采取了一个办法。

在年度会议上，当参会的 80 个国内分所的合伙人第一天走进会议室时，他们发现每个人的桌上都赫然摆放着一台苹果牌笔记本电脑。等他们入座后，汤淼便开始展示计算机的强大之处，随后，他又让其他人来展示计算机的使用方法。这次年会后，根据每位合伙人的不同要求，汤淼将计算机分别送到了他们的家里或是办公室。同时汤淼也要求他们每个月都给自己写封信，报告其在计算机方面的进步。如果半年之后，他们仍然没有开始使用计算机，那么就要退还计算机。

刚开始时，每个人都写信告诉汤淼正在使用计算机。而事实上，汤淼也相信他们确实正在使用，只是程度一般而已。但是，一段时间的使用过后，汤淼并没有收到任何一封告诉自己没有使用计算机的信件，相反他们认为自己在计算机方面已经成为了专家。之后，他们开始将计算机的强大之处告诉其他合伙人，并且赞成将计算机应用于审计之中。

这就是汤淼打破计算机使用僵局的全过程。放眼现在，计算机已经成为了每项审计业务必不可少的一部分。

如今只要你看到当今四大会计师事务所的员工时，你就会看到他们随身携带的便携式计算机，或者放在随身携带的行李中的计算机。如同旧时的计算工具或计算器一样，对于审计而言，今天的计算机已经不可或缺。

◇ 面对竞争，扬长避短

面对竞争对手时，千万不要害怕，找出自己的优势所在，并充分发挥，扬长避短，拉开距离。

当时，普华永道和安达信是 Time 的主要竞争对手。

虽然安达信经营得相当不错，但是，当你走入世界上任意一家安达信分所时，你所遇到的员工都是相似的，因为他们都采用相同的管理方式。汤淼记得安达信是这样告诉他们的客户的，他们的美国合伙人遍布在各地不同的分所，对美国的习俗了如指掌，并且经营方式也都遵循美国本土。

因此 Time 利用自己国际型公司的优势，告诉客户们，他们拥有本土化的企业，例如在德国有德国的，在日本有日本的，并且对于当地的商业惯例，它们也都一一精通。

事实上，一些人士确实作为各家不同公司的后备支持力量，在 Time 的纽约总部里为本土合伙人提供支持，而这些合伙人又有利于国际市场得到客户们的更加广泛的认识。

这种公司国际化战略的优势渐渐显露出来。主要外资企业在美国开展咨询业务是多年以来美国公司业务增长最显著的来源。但是随着业务全球化的发展，20 世纪八九十年代后，Time 公司在各个国家，如德国、日本、英国等国的兄弟公司完成了越来越多的国外公司的审计业务。

◇ 思维创新，充满热情

相较于其他全球性会计师事务所，Time 与他们的文化差异显而易见，乃至于外界人士都能够一一指出。

在《八大会计师事务所》（the Big Eight）中，马克·史蒂文（Mark Steven）

指出：“与 Peat Marwick（毕马威的前身）、Coopers（普华永道的前身）、Authur Young（安永的前身）等公司的合伙人相比，Time 的合伙人是与众不同的。Time 的人更加随性、轻松和率直，并且公司更加多元化。所有人都认为公司的管理计划不会压迫任何一位 Time 合伙人。所以，当 Time 的本土公司召开独立会议时，无论是傲慢地抽着雪茄的纽约人，还是姿态恭谦的日本人，抑或是价值观保守的得克萨斯人、开怀大笑的中西部人，你都可以看得到。

卡尔·格里芬（Carl Griffin），汤淼担任执行合伙人时的董事会主席，他回忆道：“我们吸引了许多员工，他们年轻、充满活力、喜欢迎接挑战，也不介意利用更少的资源完成任务。虽然相较于其他几家事务所，我们的规模并没有那么大，收入也不比它们高，但是我们的员工们都极具热忱，他们用自己的行动向其他公司展示出，Time 公司是最棒的。由于我们和外界竞争的意愿十分强烈，所以当竞争对手逐步减少时，我们会感到异常兴奋。我们希望，自己所拥有的解决问题的新方式能够得到证明。”

回首 20 世纪 70 年代初期，当时几乎没有专业服务机构进行广告宣传。而实际上，这种广告也是被禁止的。有一天，苹果公司打电话咨询汤淼是否可以为它们做一次广告，为期 6 个月，主要发布在当时的各大商业报刊、电视媒体以及其他渠道。对于当时的业界人士而言，这则广告对他们产生了巨大的冲击力。汤淼说这次广告是苹果公司的，他们之间没有任何的金钱来往。不同于其他公司的高管们的抱怨，他们公司的年轻职员只是疑惑，他们的执行合伙人为什么不上广告呢？汤淼就是这样，坚持以创新的方式领导公司不断向前发展。比方说，当今社会，没有一家会计师事务所不在定期地做广告。

唐·科蒂斯（Don Curtis），Time 咨询部门的领导者，同时也是一位杰出的战略家，他曾说过，Time 公司在 70 年代中后期，会在某些方面取得长足的发展，并且自然而然地成为八大事务所之一。

马克·史蒂文在《八大会计师事务所》中写道："作为一家激进型的新公司，Time 却被其他竞争对手所憎恨，其原因是由于 Time 具有丰富的想象力和充沛的精力，加之它全面且清晰地把握着自己的现状，没有一味地沉湎于过去，而是更加关注自己的未来发展。这家公司明智且勇敢，不仅专业人员思维创新、合作伙伴睿智聪慧，更对未来的持续发展抱有热切期望……所以 Time 在发展的历程中堪称商业界的典范。"

汤淼所建立的合伙企业很难被模仿，因为其他公司的规模都远远超过 Time 公司，所以它们无法以合伙企业的形式进行经营，而只好以一种更加偏向于公司的形式。

◇ **领导权威，终极决定**

对于当今的大型合伙式组织来说，Time 在 20 世纪 70 年代强调的领导方式——诚信和持续沟通等关键要素，至今仍旧适用。然而，大多数组织的问题在于，他们的经营方式并没有根据自身的实际情况来进行调整。结果，人们无法感觉到自己是真正的合伙人，随之就离开公司。

通过汤淼在 Time 的亲身经历，对合伙式组织的一些潜在不足进行讨论之前，不得不提到另一种合伙式组织，即高等教育机构。在这种组织当中，所有专业人士都认为自己是学校领导之一。而这种情况在商学院尤为明显。除此之外，上述体现的经验和教训，几乎可以适用于所有类似的组织。

作为一种理想的培训方式，领导一群合伙人可以让你在领导其他组织时，迅速找到自己最适合的位置。这种培训对各种组织，如协会、标准委员会、政府智囊团或是大学董事会等都极具指导意义。这些组织几乎无一不是由那些自我主义并且与整个组织发展的战略目标相左的合伙人所组成。如果你在这种组织当中，都能够取得内部管理上的成功，那么你成功领导其他组织的概率就会大大增加。

但是，身为合伙式企业的领导者，这并不意味着你在任何情况下都得和稀泥或是专制。也有很多机会让你来实践自己的判断，并且将之强加于其他合伙人。例如，在丹尼斯·马尔威希尔的案例上汤淼所做的一切，因为一些并不为大家所知的事实，可能只有你会知道。在其他环境下，譬如，汤淼在接管Time不久后公司就陷入法律危机时，此时并没有时间进行争论和商议，只能快速作出决定。

总之，即使你领导着你的同伴，也会有意想不到的情况发生，此时通过商讨来获得统一意见的领导方式可能并不会行之有效，这时，就需要发挥领导者的权威作用：知道手中的管理权力该何时抓紧、何时放松。领导的关键要素就在于在根本上做出你的判断。

第十二课
如何在大型上市公司中做一个领导者

如何将投资者、顾问、客户和供应方四方的观点紧密联系在一起是大型上市公司的企业领导者所面临的严峻挑战。这需要相互协商。尽管企业家们经常独立做出决策，但是为了能在商业模式中成功经营，这是他们必须付出的。

◆ 大型上市公司案例

布拉德（Brad），Time 公司从事企业经营的儿子，他在 1993 年发现了即将要破产的宾夕法尼亚大学名下的上市公司——科瑞咨询（Career Com）的一个机会。这家公司经营的学校中有 6 家仍有继续运营下去的价值，不仅因为在这些学校当中它是最出色的，更是由于它们具备继续生存下去的潜能。

然而当时的这家公司经营管理严重失衡，当走上破产法庭成功收购这些学校后，汤森才再一次意识到，从股东的角度来看，这家公司的领导者水平是何其低下，才会导致公司如此操控失当。这家公司在宣告破产之前每年大约有1亿美元的收入，尽管 Time 只是打算收购部分业务。

这家公司的总部是一座大城堡，位于哈里斯堡之外，它的楼下放有一个大沙发，供人们在工作之余喝点饮料，放松一下。公司还配有一架飞机以及各式各样的汽车，此外，还有一些可疑的交易活动。例如，预算 800 万美元的 IT 部门仅仅只有 22 位员工。而其在业务经营方面的过多费用与收入则完全不相匹配。

Time 公司经研究后决定，仅收购其中 6 家学校。虽然可能只有 20% 的可能性，这些学校会继续经营下去，但是，由于收购价格非常合适，所以这些风险 Time 公司也愿意一并承担。

被 Time 公司所收购的 6 家学校也面临着相同机构可能会出现的种种问题。因为对于这些学校的经营时长，没有人知道可以维持多久，所以教师流失，学生注册率下降等现象不断发生。而且有助于招生的广告已经停止，鉴定机构签发的合格证明也准备撤销。对于这种两年就已经获得多项资格，如计算机编程、护士、保健服务等项目的学校而言，这些问题无疑就是它们的致命点。

20 世纪 80 年代，多数中小金融联合会和各种与教育无关的机构涌进这个领域，是一些私立学校陷入危机的部分原因。由于聘用这些学校的毕业生可以获得政府的补贴，所以它们就利用这一点进行了一些极度可疑的活动。其中不乏有一些大型上市公司，也滥用这种体系。或许当中的一些机构确实解决了部分人的就业问题，抑或是可能为了让它们的后勤员工在原有的岗位上表现得更加出色，而让他们到这些学校注册学习。即使这些所谓的学生们常常旷课，政府还是会给学校相应的补贴收入。所以当教育部发现这个问题后，这些仅仅依靠政府补贴收入的学校就开始受到重创，并走向下坡路。而当这些学校深陷危机时，由于它们的问题太过牢固，所以没有一个人愿意收购它们。

杰勒德·弗郎索瓦（Gerard Francois），当时汤森的同事，也曾为永道会计师事务所服务过，现在是帕尔默集团主要负责人。他在汤森准备收购这些学校时，花费很长时间来分析这些职业教育学校的价值。对于这些陷入危机的学校，他是这样描述的："他们的高级管理者做出了错误的判断。因为无论在任何一家组织，只有不断改善产品、提高员工素质和加大营销力度，才能获得持续的成功。然而，这些管理者却将公司的利润用错了地方——购买飞机，而他们的股东也只能为此埋单。他们就变得愈来愈贪婪。"毫无疑问，绝大多数人都把这种职业教育学校当作一种麻烦的投资。

但是汤森的观点却大不相同。当他对这种业务进行越加仔细的分析后，他就更加确定这对于美国未来的经济发展是极为重要的。经分析得出，四年制大学每年毕业生的比例仅仅略高于30%。众所周知，在四年制大学教育机构当中，美国当属最知名的，但是，每年都有几乎60%多的学生没有毕业，他们该怎么办？世界上最糟糕的情况也不过如此。所以，如果你在美国的话，继续上大学，会成为你成功的途径；但即使你不继续上大学，似乎也没人担心你。对于当今世界来说，大约50%的费城工人所掌握的技术都已经过时了。而他们过去所从事的工作早已转移到其他地方，如中国、墨西哥等，所以这些职位在本地早就不复存在。虽然人们经常会疑问："我为什么找不到工作？"但事实上，问题并不在于没有工作的机会，而是在于没有人去培训他们去从事现有的工作。

汤森认为，如果 Time 公司可以进入这个行业，则能够满足公司的标准——从事一些有意义和有价值的事情，所以 Time 公司决定收购这 6 家学校，并创建了人称美国教育中心的公司。

一次，为亚特兰大的一家学校的毕业生做毕业演讲时，汤森遇见了该校的学生会主席坎蒂丝（Candice），于是便问她："你为什么到这儿来呢？"她对汤森说，自己有段长达 15～20 年的婚姻生活，但是最终她的丈夫却离开了她。离婚之前，她没有任何工作经历，但离婚之后，她必须独立抚养两个孩子，然而她却没有能够挣钱的一技之长。刚开始时她接受了一份书记员的工作，虽然年收入仅仅约为 12000 美元，远远不能满足孩子们成长的需求。所以，她为了成为一名法律书记员，同时也到学校注册学习。"等三个月毕业之后，我就会成为一名法律书记员。"她如是说道。汤森接着问她："如果成为一名法律书记员，那可以挣多少钱呢？""如果在亚特兰大的公司找到一份工作的话，年收入可以超过 40000 美元。但是，我必须和我的孩子们在一起，所以，我与两家本地的律师事务所取得了联系，年收入大概可以有 30000～35000 美元。"坎蒂丝诚实回答道。这样看来，由于在学校学习到了自己所期望掌握的技能，她的收入可以提高至少 3 倍。

随着接触到越来越多的学生，汤森更加认识到坎蒂丝的案例是十分普遍的。通过学习不同的课程，学生可以在毕业后获得更高的薪水，例如学习先进软件课程的学生在其毕业之后起薪就可高达 60000 美元，护士毕业后的年收入可达 35000～40000 美元，学习电视和收音机技术的学生毕业后的年收入约为 50000 美元。而且，学校不仅接纳了只有高中毕业的学生，同时也接纳在麦当劳或 Wendy 制作汉堡的人员，相较于原有的兼职，学校在两年之后可以为他们提供一份工资是原来的 2 倍或 3 倍的工作。其中，女性学生占全体的 2/3～3/4，而且她们绝大多数都有孩子，还有一份全职的工作。不过，单身母亲则是她们的共同点。"我们做了一件好事。"这是当汤森注意到这种情况时内心的第一个想法。

◇ 分析

也许你会在计划收购或是领导一家大型上市公司之前，遭遇各式各样的麻烦，诸如不了解公司的经营状况、战略计划需要重新制订等。

而 Time 公司也确实在这种事业中实现了意义非凡的目标。随着经营的不断展开，Time 公司收购了越来越多的学校，经最后的统计得出，共计 20 家，且所有学校都运营良好，而这实属非同寻常，尤其是对于 Time 公司这样的机构。

因此，全面调查和了解企业的情况，制订科学的战略计划，对于领导这家大型上市公司就显得尤为重要。

◆ 要善于全面深入，科学计划

◇ 不惜时间和金钱，找出最适合的 CEO

在决定收购一家企业之后，最重要的决定就是任命 CEO。即使汤淼自认为具有良好的判断力，但是往往一个人所作出的判断只有一半是正确的。然而这并不意味着当汤淼做出错误判断的聘任时，会导致灾难的发生，因为他们仅仅是和对应的职位不相匹配而已。要知道一些产生了难以置信的影响力的人，实际上，他们并不拥有那么大的影响力。

在资本方面找到合伙人后，汤淼还需要在企业经营管理方面找到合适的合伙人。由于第一位聘任人员的不到位，汤淼又引进了另一位人才，而他也非常有效地转变了这些学校。

比尔·布鲁克斯（Bill Brooks），Time 公司引进的美国教育中心 CEO。他曾是教导人们如何开飞机的斯巴达航空学院的管理人员。在他任职期间，学校的产出能力极大提高，毕业的飞行学员从原来的 130 名增加到 750~760 名，然而他采取的行动却十分简单，只不过是类似于为了让学生在需要飞行时不用停机检修而在半夜进行维护之类的行动，但这些行动又具有创新性。所以，Time 公司希望在他们收购的这些职业教育学校当中，布鲁克斯也能够带来这种类型的转变，而事实上，他确实也成功地做到了。

但是，好 CEO 难求，为了找到合适的 CEO，任何必须花费的时间和费用都是必不可少的，因为虽然不是不可能，但是一旦掌舵的人不正确，那么获得成功则会更加艰难。因此，在你作出任何聘任的战术决策之前，必须做好全面深入的背景调查。而这项调查不仅仅是询问向你提建议的人，更应该是深入透彻、全面的。

◇ **具体问题具体分析，决策符合自身状况**

通过这些学校的转型经历，汤淼懂得了许多如何在企业中进行领导的道理。所有事情都是汤淼需要做的，因此几乎全部的行政人员他都只好一一聘请。虽然还有一些教师留在学校，但汤淼必须要选择取代一些教师，同时新的体系也被采用。关于经营中各个方面的事情，诸如申请课程的人数、进度，得知申请者的途径，财务信息、呆坏账数据，以及其他所希望知道的事情，新的体系——在线系统都会一一告诉他们。而且，所有这些都是实时反映在在线系统当中。而这也可能是这个行业所拥有的最为先进的管理信息系统。

此外，汤淼还要大范围更换设备。比如说，位于俄亥俄州的辛辛那提的那家学校，它设立在陈旧的且随时都有坍塌危险的电气公司大楼当中。因此，汤淼必须把学校搬到新建筑中去，重新建立和监管者之间的关系并采取新的措施，同时还需解雇大部分行政管理人员，因为学校之所以面临如此多问题的原因之一就在于他们惯用的质疑方式。而且，汤淼还引进了甚至于远远高于一些大型机构实验室技术水平的新计算机实验室，而它们看起来简直就像是太空设施。如同他们准备永久经营这些组织一样，汤淼对学校实施了一次从头到脚的"大换血"。

在汤淼刚刚开始收购学校的 1993 年，由于都是在它们陷入破产危机时去购买的，所以价格十分低廉。然而在他们展开收购行动的 20 世纪 90 年代之际，私立学校盛行，因此，汤淼只好与其他对手展开激烈的竞争。

除了第一笔的收购业务，汤淼再也没有在破产环境下购买到一家学校。拥有美国 3000 家私立学校所有名单的汤淼给每一家学校都寄去了信件，并亲自拜访它们。只要汤淼发现似乎可以满足他们投资要求的学校时，就会去收购它。但是收购的价格越来越高，汤淼便和 TL Venture——鲍勃·凯斯（Bob Keith）领导的风险基金开始进行合作。他们是非常好的合伙人，只在汤淼的一些投资当中提供少量资金，并且经营控制权全部由汤淼持有。

对于寻找目标收购的学校，具有培训方面的优势一直是汤淼牢记的关键要点。

就地理因素方面而言，中西部地区的学校是汤淼的主要关注地。对于"为什么偏好这个地区？"的疑问，汤淼回答说："因为我熟悉这里的人。"中西部地区之所以会成为他们关注的优先选择，原因在于那里大部分的人们都需要他们所提供的培训，并且对于私立学校，那里通常都会有较为优惠的政策。大多数情况下，汤淼寻找的都是一些已经打算退休或是退出学校经营的这种夫妻经营的小型学校。如同餐饮业一样，这个行业也难以经营，因为你必须经常待在营业地点，还要处理行政事务，同时还有很多属于这个行业的行业规则。因此，汤淼的目标人群锁定在那些打算出售地理位置良好的学校的人，一般来说，尽管这些人可能并没有亏损，但是经营得也并不那么好。

但是汤淼及公司有能力应对那样的经营状况。为了增加学生的注册数量，他们派遣新的领导集体，引进诸如广告、管理和其他体系等现代化的科技手段来进入那些经营了 20 年的学校，而事实上，通过这些手段，学生的注册数量确实增加到 3 倍。就如汤淼在印第安纳州韦恩堡收购了一所仅有77 名学生的学校，但是在极短的时间内，学生人数就增加到 750 人。原因就在于他们具备给学生们提供良好的教育，并使他们在毕业时较容易就业的能力。所以，不断地收购学校，成为了汤淼成就这种事业的方式。

◇ 手段创新，面向市场

为了提高学生注册率，汤淼还使用了一些创新手段。

例如，在汤淼收购的学校中实行每年 12 次开学时间的新政。

但实际上，大多数私立学校都和大学一样，每年只有 2~3 次的开学时间，所以当有的学生想要入学时，他可能得等上 3~4 个月才能迎来学校的开学，但有些人不愿意等那么长的时间，就如想要进入职业教育学校。他们希望的是，一旦想要上学，就可以马上去上。然而据汤淼的了解，当时他们的做法是独一无二的。但是由于这种方式会打乱教师们的课程安排，所以他们并不喜欢。为了能够适应这种完全不同的状况，汤淼只好重新调整课程，但对于那些马上就想上学的学生们来说，绝对非常适合。

汤淼还引进了一种计划，被称为 50—50。

对于一位全职工作的母亲或是在家带孩子的单身父母而言，每周腾出两次至三次到学校上课的时间，是他们最大的问题。为此，汤淼将每一门课程都分割成课堂学习和在线学习两部分。同时学校还为每个学生提供一台电脑，以方便他们可以在工作场所登录网站进行学习。通过这种方式，学生必须到学校上课的时间减少了一半，而且也大大增加了他们的灵活性，同时他们所需的课堂学习体验也得到满足。

与此同时，站在内部的角度来看，这种50—50的计划使学校的教学容量翻倍。由于学生需要进行课堂学习的时间缩短了一半，所以学生数量也增长到以往的两倍，这意义十分重大，而这也从长期上使每所学校的学生注册数量增长两倍至三倍。

当然，在汤淼的努力下，学校的财政状况也得到了明显的改善。正如布鲁克斯，Time公司的CEO，在回顾刚刚开始为公司工作的时候，说道："当时我们有700000美元的亏损。但现在，我们的经济状况发生了翻天覆地的转变，这一年我们仅亏损300000美元。而下一年我们就将获得250000美元的盈利。"

不仅如此，满足市场的就业需求，也是Time公司做出的另一个重要变革。

侧重于某个教育领域，如计算机软件或是旅游，是大部分私立学校的传统方式。然而，一旦像现在科技行业慢慢走向衰退，或是如曾经旅游代理行业陷入低谷，那么学校的发展就会遭到拖累。因此汤淼决定侧重于那些市场真正需要的课程。

如果Time公司分析得出市场需要护理人员，那么他们就会将学校的课程侧重于这个新领域。虽然其他领域的培训不会完全削减，但是重点已经发生转变。

所以，即使在旅行代理机构被航空公司大幅削减费用，一步步陷入危机时，仍有很多学校开设旅游课程，但汤淼已经彻底摆脱这个领域，将所有的旅游课程全部删除。纵然在汤淼收购的学校当中，这些课程的考核通过率在美国高校中排名 14%，而全国的平均水平仅为 9%，但汤淼相信，没有人希望成为这个获得工作的领域仅有 14%的培训人员。

杰勒德·弗郎索瓦，汤淼的合伙人说道，正是因为他们有能力提供不同类型的课程，才能够在某类课程需求毫无预见性枯竭时有效避免风险。"IT、经济和保健是我们的三大主要课程，"他说，"由于 2001 年春季 IT 泡沫破裂，这类课程的市场需求下降，但是，保健课程的市场需求却在不断上升。"通过这些战略，Time 公司才能够得以持续发展。

◆ 领导大型上市公司的心理准备：风险与收益并存

沃顿教导大家：风险与潜在收益并存，而这也是完全正确的。

人们知道的所有交易，几乎没有一个不存在相关风险就会获得巨额回报的，所以大多数情况下，你必须承担和潜在收益相匹配的一定风险。因此，仔细考虑这一点，并事先想出对应的对策，在作出决策之前就显得尤为重要。

◇ 退出时机，选择正确

从最初进入学校经营这个行业到现在，Time 公司已经度过了 10 个年头。尽管汤淼收购的学校规模并没有像美国的那些私人所有的私立学校集团那么大，但绝对也是屈指可数的，而汤淼及其他合伙人的年收入也已经增长了1000 万，达到 6000 万美元。随着 Time 公司的经营活动被媒体披露出来，很多人都产生了收购它们的意图，然而汤淼却告知人们他没有出售的意向。

后来，汤淼所认为的美国最知名的拥有私立学校的上市集团——美国教育管理公司（EDMC）的人与汤淼取得了联系，而鲍勃·科纳特森，这家公司的创始人和约翰·麦克曼，该公司的CEO，同时也是缅因州的前任州长，亲自到办公室来拜访汤淼。

他们的目的很简单也很明确："虽然你现在并不想出售，但是早晚有一天你们会希望退出你们所投资的领域。那何不现在就考虑退出呢？"

虽然当时的Time公司并没有实质性的负债，但是所有的投资款以及其他款项都需要他们来偿还。汤淼说，如果可以获得超过1亿美元的现金，同时，所有的员工仍可以继续留任的话，他们也是会考虑出售的。而EDMC欣然同意。

最终，EDMC以1.2亿美元的现金收购了他们的教育产业，而对于汤淼来说，这也是一个巨大的胜利。与此同时，EDMC也履行了包括以前所有的员工都可以继续留任等方面的所有承诺，而比尔·布鲁克斯，Time公司的CEO最后也担任了教育管理公司的首席运营官一职。

◇ **收购对象，选择谨慎**

汤淼在将私立学校业务出售给EDMC后不久，就又在旧金山收购了一家教育机构，名为Fire Solutions。这家公司成立于1998年，他们旨在提供在线培训服务，目标人群为经纪人和必须获得牌照或通过考试才能进入行业的人员，如保险、经纪等职业。而在帕尔默集团的收购行为中，汤淼及合伙人对每个新收购对象的谨慎决定无一不受着严峻的考验。

位于西弗吉尼亚塞伦市的塞伦国际大学（Salem International University）是这次的收购对象。它拥有大约700名的在校学生和几百名的在线学习学生。同时学校的背景还十分复杂，著名的参议员和前任地方长官等知名人物都任职该校的领导职务。

和其他主要的文科院校相同，早在 10 年前塞伦国际大学就陷入了经营困难的危机。通过对土地和建筑进行购买，以及安排自己的代表进入理事会等形式，一些国外投资者成功进入这家非营利学校，并且对它进行了有效的控制。在一家日本集团和新加坡机构分别控股共超过 10 年的时间里，投资总额超过 3000 万美元。但当汤淼看到这种情况时，学校的每月支出大约为 50 万~60 万美元，而且濒临破产。由于学校很快就要被迫进入破产程序，所以他们没有太多时间来分析状况，而这无疑也成为了汤淼面临的最困难的一次收购。而且，学校迫切需要资金，同时，它还存在着诸如和授权机构、联邦及地方政府以及它们的债权人之间显而易见的问题。

但即使如此，这家学校还是展示出了一些极具吸引力的机会。因为在汤淼所处的那个时代，网络在线将成为越来越多的教育所提供的形式。而塞伦国际大学正好具有最高等级的授信——当地整个区域授权机构的授信；而且它还拥有在线教育系统和研究生计划，例如工商管理硕士和教育硕士等。放眼当今的教育界，这无疑是最强有力的基础。此外，对于教育部将会下发在线教育课程的课堂出勤比例为 50% 的要求，汤淼深信不疑，而事实证明的确如此，这些无一不提高了学校的收购价值。

◇ 尽职调查，尽力而为

每作出一个收购决定，汤淼都会在之前进行尽可能多地尽职调查。经分析表明，他们正面临着一种高风险、高回报的情形，随后，为了降低风险，汤淼决定引进风险投资基金。但在达成合意之前，汤淼已经投入了一定的资本，并间接地成为土地和建筑的拥有者。虽然当时他们必须在 60 天内完成实质性交易，并投入额外的资金，但汤淼仍然继续进行尽职调查。当然，当时也有其他潜在的购买者存在，只是他们无法作出如此迅速的行动。完成尽职调查后的汤淼给其他所有者提供了一份包括他们调查所发现的所有情况的冗长清单，并且告诉他们对于土地和建筑，Time 公司只能提供 50 万美元的对价，同时还要豁免学校 700 万美元的负债。单就建筑 28 栋、土地 500 英亩和一所运作的学校来看，50 万美元确实太过便宜。但是据汤淼预计，仅维修替换建筑这一项成本就需要大约 7800 万美元。然而，要是学校的运作无效的话，这些建筑就会变得毫无价值，因此，相较于今后必须投入的资本，50 万美元仅仅只是冰山一角。所以，为了维持学校的运营，Time 公司不得不当即注入 500 万美元。

之后，汤淼又与一位曾经多次帮助学校转型从而渡过危机的 CEO 取得联系，并询问他是否愿意在公司找到永久的 CEO 之前管理这家学校。而只有获得国家的批准，汤淼才可以将这家非营利学校转型成为营利机构。由于西弗吉尼亚的经营环境优越，所以事情也得以顺利进展。同时，汤淼也和各个机构，如教育部及其他联邦机构、国家教育机构、授权、信贷以及未来存在购买可能性的机构进行了商谈。

◇ 降低成本，展现领导水平

尽管在此之前裁员进行到一定的程度，而且已经没有太大的裁员空间，但是一些不重要的员工还是被汤淼裁掉了。同时，所有的水上运动计划和每年都需要花费成千上万的资本来推销骑马中心的骑马计划也都被汤淼停止了。此外一些土地和历史悠久的建筑也都被汤淼捐赠给了当地的基金会，以此获得巨大的税收减免。并且，为了配合 CEO 的工作，学校还聘请了一些新的教师和所有重要的管理人员。在两年的时间里，Time 公司一直保持盈亏平衡。虽然原本的所有者提供了 3000 万美元的经营资金，但是，学校每月仍需要耗费 50 万~60 万美元的流动资金。

Time 公司旨在通过自己的方式来建设属于自己的在线经营业务。汤淼希望，这些课程的学生数量能够在未来 5 年内达到 6000~10000 人，同时，也希望能够拥有一家价值非凡的企业经营这家学校，就像可以永远持有它一样。此外，汤淼也准备全面提高学校的整体质量，并且希望能够为他们的所作所为感到自豪。而对于大多数学生以及西弗吉亚地区而言，通过这个过程汤淼无疑将会作出巨大贡献。作为赛伦市的最大雇主，Time 公司会是该市的良好市民，并为这个经济萧条的地区提供经济支持。与此同时，对于他们的行动，汤淼也会感觉良好，并在此找到很多乐趣。

如果对自己将要做的事情了如指掌，那这就体现出了企业的领导水平。Time 公司在收购职业学校的过程中，至少已经从开始阶段时荆棘坎坷的风险投资中得到了沉痛教训。

◇ 吸取错误，认清不足

缺乏经验，是准企业家或是未来的企业家所面临的最严重不足。对于产品或服务，不管有没有进行商业化的打算，对于成为一名企业家，在还没有具体运作计划之下，不管是否感到紧迫性，在新型的风险投资中，潜在的企业家都极可能缺乏经验。

下例是汤淼和其合伙人在成立帕尔默集团时所犯的错误，给大家敲响了警钟。

Trophies，是 Time 公司收购的第一家公司，由于没有进行适当的调查，这笔投资失败了，但教训却是值得吸取的。

作为当地最悠久也是最著名的制造企业，Trophies 的销售额高达数百万美元。但是由于没有进行尽职调查，这家公司的实际情况在汤淼从梅隆银行借款收购时才暴露出来，结果显示，对于这家公司的财务状况，汤淼作出了不当判断，几乎当即就想中止投资的汤淼，也为此付出了沉重的代价。

这是汤淼首次和银行家打交道的亲身经历。当时的梅隆银行正值艰难时期，并且准备清理其贷款资产组合。汤淼对这些银行家说："不必担心，我一定会还款给你们的。"但他们却回答说："这样也可以，不过必须在这些贷款项上签上你的名字。"然而事实上，汤淼并不需要承担这种个人责任。所以汤淼告诉他们："因为你们已经得到了我的承诺，所以我并不想在这些贷款项上签名。但我会在未来偿还你们的。"但即使将来会得到全额还款，梅隆银行却更倾向于汤淼立即支付 60% 的款项以结束这笔贷款。尽管汤淼并不想这样处理，但他还是很不情愿地同意了。问题最终得以解决，除此之外，员工们也为公司在将股份出售给员工之前，Time 公司可以持续经营 12~13 年而感到高兴无比。

汤淼不仅从 Trophies 的经历中得到了教育，也从这家学校的艰难经历中获得了深刻的经验和教训。尽管在沃顿和 Time 时的汤淼已经很像企业家了，但企业家的收购意识他还并不具备，对于收购公司也并不是很在行，然而他却懂得了下一次更需谨慎。

之后，Time 公司向薪酬管理行业进军。汤淼告诉一位在这个行业非常成功的朋友，他自己也打算进军这个领域，并向他请教。朋友告诉汤淼：之前为自己工作过的两位同人十分不错，应该可以帮助他。但在那时，汤淼出现了一个基本失误：他们合适与否并没有得到其他人的检验。对于这些已经为自己的朋友工作 10 年的同人，汤淼认为他们一定是非常优秀的。但实际上，汤淼应该对他们进行进一步的了解才对。

Time 公司认真地拟订了一份描述他们事业开展的方式，界定其角色为日常经营者的合约。但是汤淼几乎马上就意识到，在他们眼中，Time 公司只有一种资本来源的用途。

公司 85% 的股份都是汤淼及其合伙人持有的，但他们最大的希望就是在工作开展过程中得到更多的资金。他们抱有薪酬管理行业的规模会随拥有的新用户资金越多而越大这一观点。而且，他们希望的只是持续在汤淼这里获得资金，以便更快地开展业务。至于汤淼对业务经营方式的意见，特别是有关费用控制和利润增长等方面，他们并不愿意听取，最终事情陷入了僵持局面。公司总裁一直对汤淼说由于汤淼并没有做到自己希望他们做的事情，所以他打算辞职。在突破了汤淼的忍耐极限后，汤淼同意了。但他却感到不可思议。而实际上，汤淼确实没有必要解雇他，但是由于他威胁要辞职，所以汤淼就只好接受了。

后来由于他们想强迫汤淼把公司卖给他们，所以汤淼也度过了一段困难时期。他们提出说，汤淼一直都想要踢他们出局，而后从争论发展到进行仲裁。和这家小规模公司只有几百万美元的出售价格相比，仲裁费用高达几十万美元。这可真是一场噩梦，而这个噩梦竟持续了一年以上。最终，Time 公司同意出售这家公司。

和不适当的人进行合作经营，正是这些痛苦经历发生的根本原因。汤淼从中得到的教训，就是必须对他们将要合作的人进行全面调查。只有对他们加入及合作的动机进行更加深入的了解，才有助于汤淼判断他们的目标，分析在以前困难时期时 Time 公司是如何处理的，以及注意到他们与他们过去的客户、供应商和其他合伙人是怎样的关系。换言之，汤淼必须确保他们与公司的目标一致。

虽说这些教训以及经历是汤淼所遇到的不足之处，但对于如何避免这些不足，汤淼也从中得到了三点经验和教训。

首先，进行尽职调查时，对于将要和你共同合作经营的人，你必须要进行全面深刻的背景调查。除了对他们给你提供的资料进行核实外，更要分析其他可能会提供给你的客观评价信息，因为相较于面试时口若悬河所描述的资料，这些更加重要。

　　其次，若有购买打算结束经营的企业，计划自行经营的话，请务必确保获得最真实准确的的财务数据。

　　最后，对于你和你的合伙人在企业中的合作安排多加关注。如果你们建立了一家合伙企业，或是50—50制企业，那么即使你认为你的合伙人非常诚实，但只要管理者认为你不过问业务，或者尽管你持股85%，但企业的客户关系管理都由对方控制，就会带来麻烦。有些人希望可以担任领导者，并持有明确授权的股东协议书。如果你有合伙人，那你不可能会关注到所有问题，但早晚都要有人做出决策。如果公司还有两位势力相当的合伙人，那你早晚都会遇到麻烦。汤淼从事经营15年以来，经历过最糟糕的情形可能就是薪酬管理公司了。但那是汤淼自己犯下所犯的错误，所以他必须对此负责。

　　还有一些不足，虽然汤淼没有亲身遭遇，但那是其他企业家曾遇到过的。汤姆·普立史比（Tom Presby），与汤淼相识于Time，并和多家公司的CEO保持共同工作的密切关系。而这就使得对于企业领导者所犯的错误，他十分清楚。他认为，挣钱，并不是企业家所犯的第一个错误。对于大多数过低的预计都是可以实现并可超越的这一观点，他们应该非常理解。在他的眼中，推迟获得盈利的时间，才是这些企业家们犯下的最大错误。因为所有优秀的组织都是盈利的。

　　普立史经常会遇到一些连自己需要什么都不知道的企业家，由于对于经营的某一方面过于关注，导致他们无法注意到其他事务，然后这些事务就消亡了。所以，一名成功的企业领导者，必须要拓宽自己的思维。你需要建立的并不是一个仅关注 CEO 本身认为最重要的事务的组织，而是一个能关注所有重要方面的组织，因此对于普通员工的想法，你必须理解。

◇ 企业领导技能与非营利环境完美结合

随着业务的不断发展，成功的领导者就会发现，组织也正在随之发展。而他们之前所采用的方式方法，可能已不再适用于转变为成长型企业的公司。汤姆·普立史指出，只有认识到自己必须进步的领导者，才是最好的企业领导者。

普立史知道，最开始的时候，CEO 们其实并不太关注财务，但是，现在由于《萨班斯—奥克斯利法案》（Sarbaned-Oxley），对于影响财务报表准确性的各个方面，他们都给予了极大的关注。在其他公司，CEO 虽非常具有企业家思维，但仍不够系统。而所有这些全都说明了，领导并不是静态的活动。身为领导者，思想必须转变，同时还要开发新技能、培养新兴趣。除此之外，为了可以持续建设组织、提高自己能力，他们可能还必须做一些和自身想法相左的事情。

比尔·盖茨在 2006 年的夏天宣布，他将一步步放开自己在微软的职务，转而更加积极地投身于主要关注全球贫困、饥饿、健康、教育，特别是美国教育体系的不平等问题的比尔与梅林达·盖茨基金会的事业上，而这一宣布也引发了一场不小的轰动。而后，当非常了解盖茨的沃伦·巴菲特宣布，他将给盖茨基金会捐献 310 亿美元【以 1000 万股美国伯克希尔哈撒韦公司（Berkshire Hathaway）股票的形式】时，这一事件变得更加轰动，而基金会的资产也因此达 600 亿美元以上。

虽然大多数企业家们可能并没有像盖茨或者巴菲特一样的实力，但是近年来，无论是乔治·索罗斯，还是诺贝尔和平奖获得者穆罕默德·尤努斯（Mohammad Yunus），他们越来越关注社会问题。所以，非营利组织的领导水平就变得格外重要，而这种独特的组织环境也带给领导者特定的挑战。

向自己及其委托人证明，他们不仅可以建立营利性的公司，更可以为社会作出不同的贡献，是这些领导者大多数的目标。在一些案例中可以发现，如同领导者追求营利的活动一样，非营利组织自身的动力非常强大，同时也为社会作出了巨大的贡献。所以为了达成目标，领导者必须将自己的企业领导技能行之有效地运用到非营利环境中。

基督会领导水平专家、宾夕法尼亚大学教授约翰·迪里欧说，他经常与一些渴望成为慈善家的企业领导者们进行讨论。他告诉那些领导者们，千万不可丢弃那些在企业环境里的领导技能，因为尽管组织体系和环境不同，但是领导的原则是相同的。

把企业管理技能完美地应用到非营利机构的典型，当属比尔·盖茨。迪里欧对盖茨的评价是，对那些清楚了解自己想要实现什么的人进行锻炼，对获得可衡量的结果保持关注。而另一个例子则是尼克松总统时期美国财政部的前任秘书，威廉·西蒙，他在 PAX TV 网络的发展中发挥了重要作用。"对于传播非色情、非暴力节目的电视网络是否存在市场，他们进行了询问，"迪里欧说，"如同社会科学家一样，他们进行了一丝不苟的调研，并且从中发现，强烈认同健康电视节目的价值的观众还是存在的。他们在投入之前，完全没有丢弃分析市场需求的观点。"

根据迪里欧的说法，由于在非营利领域中没有账本底线，所以领导者必须获得可衡量的影响，而且在如政府部门这样的非营利领域中，事情的执行过程和实现的成果同等重要，强调了过程的重要性。这就是身为企业和非营利组织领导的差异所在。而对于这种差异，企业领导者必须在经营环境中加以理解。

企业领导原则的灌输，是近年来非营利组织的显著变革之一。迪里欧认为，企业领导原则在非营利组织的应用结果，体现在关注可衡量结果和高收益的慈善事业上。在非营利领域，达到成功的巅峰，才是他们所关注的。而他们也会向企业领导者寻求领导方面的建议。即使在非营利环境中经营，但最终还是必须具备能够判断自己是否成功的原则。在你考虑经营环境的同时，你还得继续攀登，直到登上成功的山顶。

作为为史密森尼博物院提供融资的负责人，在搬进华盛顿特区之前，维吉尼亚·克拉克一直工作于宾夕法尼亚大学。她认为，非营利领域和学术界之间存在相似之处，但又有差异。她解释道："在学术界，有负责研究的教师，有负责教课的教师，有负责为学生提供服务的教师，还有为他们提供支持的基层的职工。而在史密森尼，有负责研究的人员，有负责公众事务的职员，还有为他们提供支持的职员。因此，它们在某些程度上是相似的。"

但是，克拉克又说道："在某些方面，学术机构又不同于像史密森尼这样的非营利组织。学术机构的现金流具有一定的可预测性，因为每年都会有一定数量的学生入学，然后支付学费，最后作为毕业生毕业。而像史密森尼这样的非营利组织的现金流却不可预测，因为公众随时都可能进来。即使博物馆通过一些有吸引力的展览来获取收入，但相较于学术机构，它们更加容易受到影响，如天气因素等。"

而这些相似性和不同性无一不是领导水平的重要暗示。"由于非营利组织的现金流具有不可预测性，因此领导者必须对长远的计划提出更高的要求，"克拉克解释道，"在学术界，你可以被短期的想法所吸引，但在非营利组织，你必须保持一定的原则性，并将长期目标牢记在心。"

根据克拉克的说法，相较于学术界，非营利组织的领导者更需要具有个性魅力和特征，则是另一种暗示。这是因为，非营利组织的领导者没有一张强大的安全网，或是组织中的基础设施并不完备。

史密森尼的领导也同样面临着独特的挑战。国会提供给他们一笔可观的资金，然而他们并不属于其中任何一个支持者的机构。打个比方，假使他们设立在芝加哥，那么将来可能会集合的资源则来自伊利诺伊州的国会代表，但是正因为他们设立在华盛顿的商业中心，所以他们是属于每个人的。面对这种状况，为了可以纯粹地从财务的角度进行讨论，他们必须进行恰当的处理，力求为自己的需求作出最公正客观的财务解决方案。

同时，为了能够得到和他们同一阵线的参议员和国会代表的支持，还要确保，对于这种情形，董事会及其主要捐赠人全部知情。因此，为了使它在感情上更具吸引力，他们不得不将自己定位为类似于"美国博物馆"这样的角色。

总而言之，克拉克说明了在非营利环境中领导者面临的独特挑战：处理包括形成强大的财务实力、使其支持者拥护对应的情形、具备一定的情感吸引力等不确定性的领导水平。无论是在查塔努加（美国田纳西州东南部城市），还是田纳西州，抑或是史密森尼的艺术博物馆，其他非营利组织也都应该遵照这种过程，遵守这些相同的步骤。因为这是非营利组织的通用规则。

第十三课

如何在国家控股的企业中做一个领导者

相较于其他企业，国家控股的企业当中部门分工更为明确，且职能部门主管存在多个。

职能部门主管必须学会重视、培养一定的工作能力，并在职能战略与整个职能部门的管理上做足功夫，以保证其领导梯队足够的开放性与较高的灵活度。一旦人才缺乏，为了满足部门工作的即时需要，他们还必须具有随时从外部招募人才的能力。

◆ 国家控股企业案例

在大多数公司当中，由于事业部总经理无法应对新职务带来的复杂性，所以导致了领导梯队出现阻滞。但是，面对新任务带来的挑战，他们不仅没有投入时间和精力来对自己的思维模式进行调整，反而总是处于自己最熟悉的领导模式。

在一家大型金融机构的商品交易部门工作了 10 年的加里，由于表现突出，且完成了一系列高难度的任务，而自然而然地在他的上司升迁后，接替了事业部总经理这一职务。当然，因为加里为自己所处的全球一流的业务部门的成功作出了杰出的贡献，所以他的晋升也是众望所归的。而面对即将担任的事业部总经理一职时，加里并没有退缩不前，而是知难而进。

因为对这个部门的领导，加里的上司曾经非常成功，所以上任后的加里可以十分容易地维持前任所制定的收入达 5 亿美元、运营利润达 23.8% 的战略。但是加里并不准备维持现状，他通过三角形评估工具对业务战略方向、组织能力和人员能力进行分析。而且，他从不怕暴露自己的"无知"，经常向自己的下属和客户请教。

加里发现，虽然在欧洲，他们的业务最强，但是人员分布不合理，业务目标也很分散。同时，欧元区即将变成现实，并将减少对其产品的需求，行业的需求达到饱和状态，传统产品的价值不断下降。加里在团队的密切合作下得出：目前的业务模式与当前的现实和客户需求极度不符。

◇ 分析

虽然这是一个令人不安的发现，但也正是因为它，加里改变了对主管业务的发展思路。然而很多原因都造成了改变原状是不容易的。而其中，他必须要改变提拔了他的老上司已被证明的成功战略，转而实行新战略，则是最重要的一条。对于新的复杂环境，加里做到努力适应，并对团队成员给予充分的信任，在他们的帮助下，制定出了从经营产品交易到提供专业咨询的业务转型计划。这不仅意味着将会减少交易员人数转而增加提供交易咨询的专家人数，更意味着将要改变获得新客户和服务现有客户的基本流程。

然而结果表明，对于能够增加公司盈利的新机会，加里和他的团队敏锐地抓住了，并且也取得了巨大的成功。虽然业务风险通过咨询服务得到降低，许多新的市场机会也被利用起来，但这些无一不需要巨大的勇气。与大多数新任事业部总经理相比，加里虽然更加引人瞩目，但却没有因此畏首畏尾，反而实施了一切业务发展所需的正确战略，包括做好充分的准备、团队协作、努力克服困难、建立良好关系等。

◆ 拥有战略思维

拥有战略思维，同时在具体管理时胸怀全局的人，才会成为最优秀的事业部副总经理。但并不是大多数职能部门的主管都天生同时具备这两个条件，因为这需要一定的领导水平成熟度。

在某个职能领域工作就是需要战略性地加以思考，并同时负责一两个该职能范围内的领域。例如，市场营销部门的负责人可能还会擅长广告、沟通、品牌管理、产品管理、直销等领域。当他在其中某个领域游刃有余时，他在其他领域内的能力往往就会是有限的。

对于职能范围内所有领域的最新知识，几乎没有人能全部理解；而对于现有的职能要求和未来业务目标间的关系，也很少有人能平衡；至于所有其他领域的职责和对公司的贡献度，以及这些领域与自己职能间的相互影响机制，更是鲜有人明白。

◇ 转变思维，转换角度

思维方式看似容易转变，实则很难。虽然转变思维是所有领导水平转型的必经之路，但这一次，无论是范围广度、利弊权衡、时间分配，还是内外部决策等，都与以往完全不同，可谓是一次里程碑式的转变。与事业部副总经理仅需关注事业相关的问题不同，事业部总经理必须关注如如何实现业务增长、提高盈利能力、增强竞争优势等一系列完全不同的问题。

以前，事业部的副总经理们对于提高生产力水平都十分热衷。但现在，他们必须在全球背景下，依照一套新的衡量标准来调整工作重心，并且站在盈利能力和可持续竞争优势的角度来思考问题。然而，多年来一直从战术层面思考短期的部门业务目标这一习惯，使他们并不容易转变思维方式。

部门策略思维完全不同于业务战略思维。显而易见，后者更需要具有广泛的视野。事业部总经理必须将客户、竞争者、人口数据、经济趋势，以及诸如政府和社区之类的其他外部利益相关方等无数外部因素全都考虑到。同时还要对本行业和全球相关事务进行考虑。

思维转变的难度不容小觑。因为不管如何强调思维转变的必要性，新任事业部总经理总是会本能地回到自己固有的、在10~20年职业生涯中一直重复使用的、注重短期目标的思维模式当中。

◇ 复杂问题，整合团队

所有人都无法为承担这些重任而提前做好准备，因为不仅许多方面都还不熟悉，而且数量之多，令人咋舌。即使一些事业部副总经理已经为了承担更广泛的责任而担当过跨部门的职责，但这些是远远不够的。因此，不但需要时间，更需要做好提前准备来学习新知识（应该做什么，怎么做好）。

如果仅仅是线性学习，那还是比较容易的。了解部门内部不熟悉的各项业务这类的学习过程，对于部门经理来说并不陌生。但是，这里所提到的学习既是线性的，也是立体的。理论上来看，把多元化的人员、部门和流程联系起来，是挑战的所在，而这种"连接"的责任非常重大。所以，事业部总经理建立的联系，既要符合短期目标，也要包含长期目标。例如，对于新员工的招聘，不仅要能够胜任眼下的工作，更要可以产生未来的事业部副总经理和事业部总经理的人选。而至于销售，盈利客户群的建立固然重要，但更要培育出未来几年的忠诚顾客群。

事业部总经理个人能够处理的范畴已经远远不及问题的复杂性了。即使一些部门经理可以在依靠个人能力时取得成功，但是，身为事业部总经理的话单打独斗就要遭受失败。就如一个人力资源问题也可能成为战略规划和预算问题，每家公司都有大量需要运用多种方法综合治理才能得以解决的复杂问题，所以事业部总经理需要做的就是把部门经理整合成强有力的团队，并领导它，同时提高每一位成员的工作效率。只有这样，遇到的复杂问题才能得以成功解决。

◇　一切部门，平等对待

对于从传统的事业部副总经理岗位升迁，并由此开始全面承担责任的事业部总经理来说，他们需要时间来掌握关键的领导技能，并学会站在业务整体的角度来看待问题。虽然这看起来并不困难，只要花费一些时间和脑力，外加一点毅力就好。但实际上，如何正确评估每个部门的作用才是真正困难的。若是一开始担任事业部总经理时，就存在严重的部门偏见问题的话，则可能会导致过度宠信某一部门，或不能充分认识其他部门的贡献等多方面的结果。

虽然也有可能会低估了主要部门的作用，但忽视支持性部门仍是一个非常严重的问题。一位事业部总经理曾说过："汤淼在其职业生涯中一直避免与人力资源部门的人打交道，但是现在他却必须直接管理他们。"一般情况下，可能由于人力资源部门曾经阻止过对心爱下属的提拔，或是忽视其作用等原因，才会导致这种态度的产生。然而，对于多个部门，诸如人力资源、财务、法律、审计、信用、保险、统计等方面的知识，即使事业部总经理对此知之甚少，但仍能够得到晋升，这不由得使人们大为吃惊。

如果对于这一点，事业部总经理不能清楚认识到的话，那些支持性部门的作用就会常常被忽视，而这也会影响他的领导水平。作为公司承担业务的早期预警系统，无论是销售的突然变化，还是员工的士气问题，抑或是法律纠纷，优秀的支持性部门都能够最先发现。而且在问题爆发之前，工作人员就会很好地控制它、解决它。除此之外，支持性部门由于服务于各个部门，也最了解其情况，所以成为了事业部总经理的耳目，帮助其全面掌握各个方面的最新动态，包括一些下属可能接触不到的，或是不愿意上报的。但是十分遗憾，大多数的事业部总经理都没能对支持部门进行有效利用，以此来促进公司业务的有效运营。

◇ 领导职务，高度透明

任何一个领导职务的工作都必须要有一定的透明度。每位新任经理的表现，都会受到一位上司的监督。而无论是上司还是员工，都更加严格地监督事业部总经理。因为，在很大程度上来说，事业部总经理如何经营业务决定了公司的业绩。

大家都对事业部总经理上任后会发生的最重要变化拭目以待，但似乎每个人又都有疑问：

他能成功吗？

他会改变原有的战略吗？

他能争取到必要的资源吗？

他会保持现有的团队吗？

他会在大权在握的情况下做出改变吗？

他会对自己曾经工作过的部门产生偏袒吗？

他会如何处理权力问题？

他会得到公司的关注吗？

由于在项目、计划和人员管理等方面，事业部总经理拥有极大的权限，所以人们十分关注其一言一行。然而，他们也会遇到五花八门的问题，此时就只能用这种权力来冒险和学习以获得答案。只是他们的一切都在大家的观察和评价之下，所以错误也就常常被夸大。

把事业部总经理与副总经理之间的透明度做个比较，是意义重大的。事业部副总经理的透明度仅在部门内部存在。虽然他的每一句话、每一个举动也都在下属的观察之中，但由于共同的业务目标和语言，互相之间也就更容易理解。当然，也有一些事业部副总经理和总经理受到同样的关注。但总体而言，受到更加强烈关注的还是事业部总经理。

◇　**电子商务，迎接挑战**

预计美国经济增长最快的部分将会是电子商务，而 2010 年全球使用网络交易的人数已经过亿。不论是传统业务还是新兴业务，都在网络交易中欣欣向荣。因此，增加电子商务带给众多总经理不可避免的挑战。

虽说电子商务影响着各级领导者，但受到影响最大的当属事业部总经理的工作。他们不得不相应地调整工作理念、领导技能和时间管理能力，而且还得改变对业务本质的理解。下列则是一些他们共同面临的挑战：

毛利下降的事实，要求公司产品价格降低的幅度要低于成本下降（成本控制和加速资金周转）的幅度。

可能在一夜之间就变得过时的业务模式将导致公司从巨人变成矮子。

每家公司的业务都即将步入全球化。

如果基础结构不能快速、顺利地发展到某一程度，则会使公司陷入顾客流失、前景未卜的状况之中。

难以想象的攀升快速的成本以及必要的技术和技术人才投资，都可能随时被淘汰。

有助于公司从无数竞争对手当中脱颖而出的品牌变得史无前例地重要。

权力倾向于顾客。

即使是对人力资源部门或是各级领导者，人员计划都处在绝对的优先位置。

业务的差异性和公司的竞争优势可以通过智力资本加以创造，诸如内部网络、思想库、全球在线检查等，都能够吸引各式各样的人才来解决问题、利用机会。

◆ 学会提升自我

由于国家控股企业的部门过于繁多，不可能做到面面俱到的培训，因此必须通过各种方法，在日常工作中完成提升自我的目的，从而拥有更多的能力去领导企业。

以下是三种提升自我的方法。

◇ 自学

上司的帮助只是提升自我的辅助，主要还得靠自己。领导水平转型过程中的事业部总经理需要面对各种新的挑战，而其中最难的当属处理各方面复杂问题的方法。

但只要学习清楚其主要的工作职责、必须的知识以及各方面的联系，再化这些知识为工作的计划和行动，就可以使工作中的复杂性得到很好的解决。

例如，在市场份额下降，或是业务没有获得应有的市场份额时，事业部总经理就会在利用这个三角形考察相关影响因素后，发现合理的问题，而这些问题的答案则是他决策的重要依据。这种方法有助于防止为了获得市场份额而采用降价之类的单一行动的发生。

◇ 历练

只有各方面的配合，才能有助于事业部总经理学会对各个部门的工作进行评估和协调，以及如何发挥团队优势。所有事业部副总经理都拥有一定的经验和专业知识，能够顺利完成总经理下达的任务，并取得总经理充分的信任，是最理想的情况。但事实上，这种情况非常罕见。为此，身为事业部总经理的上司，必须考虑以下问题：

鼓励副总经理与所有的部门经理进行沟通，并学习如何提问、倾听和反馈。

帮助总经理同所有部门设定目标，并将其与公司的管理目标联接起来，以使支持部门能够尽早发现可能存在的问题。

建议总经理养成每次商务出差都带一名部门经理随行这样的习惯，这有助于他对每个部门的作用和实际情况进行更好的了解。

虽然不容易改变事业部总经理固有的思维模式，但他的上司若是在其上任之初就发出告诫，也许就会变得较为容易。因为人们更容易在新上任或是遇到新困难时接受建议，因此，为了明确一些问题，上司必须为事业部总经理安排一系列的会谈。

在最初的会谈中，如何平衡短期业绩和长期定位的关系是上司的重点所在。事业部总经理从原先的顾此失彼到学会统筹兼顾，是一项艰难的思维模式转变。通过对其在界定问题、分配时间和资源等方面进行帮助，事业部总经理平衡全局的思维能力能够被其上司所提高。

同时，事业部总经理的工作具有更高的透明度。虽然一些事业部总经理在其以前的岗位上已经比较成熟，自认为适应于这种抛头露面的场合，但其在面对各方面的关注时，本能反应就只是防御和固执。可以尝试以下方法使得他们更具开放性和灵活性：

在正式发表之前，事先与一位值得信赖的同事沟通自己的想法、决策和方案，以防止在公开场合被否决。

在对某些决策或答复毫无把握时，坚决回答"不知道"，并且承诺一定会在某个时间前给予答复。

在决策之前，充分听取所有人的意见，必要时也要寻求外部专家的建议。

在拥有一个想法或交易时，扪心自问，若是其明天出现在《华尔街日报》的头版上，自己作何感想。

◇ 反省

面对电子商务的挑战，为了能够有效地将其与现有业务结合起来，人们不断要求自己和其他人开拓眼界和学识。通过以下问题，你可以对自己的电子商务知识和相关能力更加了解：

我对电子商务真的理解吗？我愿意挑战控制业务部门的固有思维模式吗？

信息技术部门对电子商务真正了解吗？他们知道若是分离业务与电子商务，不仅不会帮助现有业务与电子商务结合，更会损害它吗？

对于重要的人才，我们可以做到以人为本吗？我们能够吸引并留住优秀的人才吗？

我们的行动迅速吗？

第十四课

如何在非营利性机构中做一个领导者

慈善基金会、智囊团、艺术机构、慈善机构等都是非营利机构。由于这些机构的领导者经常会在融资上花费大量时间，所以这就要求管理者必须具有完全不同于企业家的领导方式。但即使是在一个捐助颇丰、不必进行融资的基金会里，最高领导者也必须得和一群对于基金会的使命和安排可能各持己见的管理者们合作。

大多数情况下，非营利组织的运作依赖于志愿者，但由于这些志愿者并不认为自己是该机构的雇员，因此常常我行我素。除此之外，在某些时候，一些志愿者们的想法会有些不切实际。而所有这些情况，对于领导者而言，都会使非营利组织的管理变成一项艰难的挑战。

◆ 非营利机构案例

领导学校的融资开发是身为宾夕法尼亚大学院长的保罗的主要职责之一。如果他想要引进最优秀的教职员工并增加他们的薪酬，那就必须要有充足的资金。

现密森尼学会的领导人维吉尼亚·克拉克，是融资开发部门的领导人，对于整个部门的发展，他也起到了不可或缺的作用。在当时预算大约为5000万美元的学校中，通过融资获得的仅仅只有一小部分，因此他们需要更多的融资资本。

保罗刚加入沃顿就召集了融资开发小组进行谈话，从而得知了融资专员们的工作方式不是每个人负责筹集一定的资金，而是到外面去会见不同的人，并且让他们接受院长的接见以及融资需求，当然，所有的事情都取决于院长和他们的谈判情况。

对此，保罗的观点完全不同。他告诉融资专员，他们每一个人都必须要有自己的目标，并负责筹集一定数量的资金。此时，他们的脸色变得苍白，因为筹集资金的个人职责，他们从来没有承担过。然后，保罗接着补充道："当然，如果你们达到目标，就可以获得一笔数量不小的奖金。"

之后，1/3 的人选择了离开这个部门，因为他们不希望用这种新方式进行融资。而保罗最后也只保留了 1/3 的员工，并另外招聘了一些。

就这样，设立了融资目标后的保罗，陆陆续续筹集到大量的资金。同时，他也履行承诺，给那些完成或是超额完成任务的员工们支付了奖金。

◇ 分析

宾夕法尼亚大学的整个融资中心小组在听到保罗给那些完成融资目标的员工们支付奖金后简直要爆炸了。他们质问保罗，是谁授权给他的。因为在宾夕法尼亚大学里同样有很多人在为融资服务，只是他们并没有筹集到足够的资金。他们和沃顿一样，都拥有一个发展小组，所以就提议共同合作，并同时向宾夕法尼亚大学和汤淼汇报工作。

但对于这种体系，保罗很早就认识到会是无效的，其原因就在于双方目标完全相悖。不从自己的校友处筹集资金，反而是尽可能多地从对方那些拥有大量资金的校友处筹集资金，是宾夕法尼亚大学发展小组的目标。而为沃顿筹集资金，则是保罗和同事们的工作，显而易见，这两种目标并不兼容。

其实，保罗和宾夕法尼亚大学的关系不算十分恶劣，只是在这种任务中，他们还不习惯于和保罗这样的人打交道。所以保罗就直接告诉他们，沃顿打算在不损害，反而支持并帮助宾夕法尼亚大学的利益的前提下，做一些事情。但同样地，他们也必须帮助沃顿实现目标。毕竟，沃顿还是有利于宾夕法尼亚大学的发展的。

在新融资方式开始之前，沃顿每年约筹集 300 万美元的资金。而当 7 年后保罗离开时，其融资能力已经达到每年 3000 万美元，现在，更是远远超过这个水平。

综合这些卓越计划的要素后，沃顿就开始朝着实现目标而运转。但是在保罗任职的 7 年里，他们的运作只是保持朝着计划的方向而已。保罗在每次的教师大会上，都会使用早期的 PPT 版本向大家展示，学校招聘了多少新教师，筹集了多少资金，引进了多少新的学生计划等。此外还追踪他们的业绩是否与计划匹配。

虽然人人都说教师很难合作，但事实并非如此。沃顿 90% 的教师都十分优秀且易于合作。保罗加入沃顿之初时，他们只仅有一个监督委员会。之后，他们组建了新的委员会，增加了如本科生、研究生、房地产等委员会。这些都有助于沃顿商学院和大量的管理者保持联系，并以各种不同的方式从中受益。

◆ 非营利机构的领导特点：与众不同

大多数非营利组织都具有较强的凝聚性，而领导者也面临着不同于企业家们所面临的底线的一种纪律，即平衡和协调支出对象和得到的捐赠物资。

因此，相较于其他形式组织，非营利机构的领导具有一些独一无二的特点。

◇ 领导者更具价值导向

改善社会服务，重组社会价值，构建更具人文精神的健康社会是非营利组织的宗旨。而为社会改造人、培养合格的公民则是非营利组织领导的核心所在，否则非营利组织不但无法长期筹款运行，也吸引不到高能动性和高效率的知识工作者，至于本身的价值，更是无法真正实现。因此，相较于其他组织，非营利组织的领导更能够将组织的价值融于领导当中，从而更有助于组织的发展。

◇ 领导方式更加有弹性

大多数非营利组织中的绝大部分工作人员都不是为钱才来工作的志愿

者。因此，存在于传统的营利组织中那种经济主导型的心灵契约，在非营利组织中的员工与管理者之间并不那么强烈地存在着，所以，单纯地使用经济的杠杆去操控员工的意志在这种情况下是非常不合适的，而事实上，也许他们的收入远远不及同行业的平均标准。

为此，与企业和政府相比，非营利机构的领导更需要"软"技巧，且领导方式更加有弹性。与此同时，对于个人的精神需要，特别是知识工作者的精神需要，他们更加关心，为了使其缓解各种新问题带来的压力，他们必须使成员获得精神力量，以更好地成长，奉献社会。即使非营利组织的领导方式更加有弹性，但这也并不意味着要求的降低，反而是需要更严格、高效绩的工作，所以说，非营利组织的领导更注重柔中带刚，刚柔并济，而不是只一味地强调以柔带刚。

◇ 领导更具全员化

机构中所有人都配有相应的领导岗位或职责并不是这里所谓的全员化，其真正含义在于，对于所有成员的能动性，非营利组织都更加注重发挥，且充分开发每一个成员的领导潜质，从而使领导机能遍及整个组织。因此，对于富有责任感和献身精神的有专长的人员来说，非营利组织更具吸引力，且能够使他们更好地发挥潜能，实现个人、组织乃至社会的价值。而这些能力较好、更具能动性的员工们，在工作中也会常常发挥领导的作用，并更好地影响他人和相互影响。

此外，身为非营利组织的领导，必须还要具备一系列特有的素质要求，如要坚守道德、积极进取、以人为本、领导促进者、评估者、预测者、指导者和最终评估者等把握的角色。总之，他必须能够带领组织达到目标，实现价值。

由此看来，在非营利组织中，领导更加重要，因此其也需要更加卓越的领导者。

◆ 营利性机构的重中之重：制定原则

根据原则行事，是"管理有效性的核心"和"可行的企业文化本质"，有助于工作人员在完成任务时达到应有的质量。虽说所有人都可以学习，但必须对自己职业的意义和可能出错的风险充分了解。

原则是可以教授和学习的。但由于实际的情况变幻多端，所以相较于运用到具体个案中，理解普遍的原则更加简单。而随着营利组织的结构越来越复杂，制定具有约束力的规则就变得更加重要。

原则 1：指向结果

专业管理者的思考和行动全都指向结果。而管理本身就是一门为获得结果而努力的职业。结果分为两类：一类致力于人，如选择、发掘、发展和使用人才；另一类致力于钱，如赚钱和花钱。

领导水平首先意味着有效率这一事实，已经被如今复杂的管理模式和领导水平所掩盖，甚至也被一些领导者所遗忘。当被问到在公司都做些什么时，80%的人都会对自己做过的一些实际工作和因此所承受的压力进行描述。只有20%的人会告诉你他在公司起到的作用和达成的目标。当然结果说明一切。相对于"什么不可以"，认真对待目标的人更关注"什么可以"。

虽然经常被误认为是领导风格，但事实上指向结果并不能直接说明执行的方式方法。因为可以通过各种不同的方法取得结果，所以，动力才与指向结果更为相关。

对于动力就是每天给领导者的工作带来乐趣或者额外的刺激这一说法，马里克并不认同。他认为如果大部分的工作时间都是有趣且能带来满足感的话，人们就应该心情更好。太高的期望往往是不切实际的。只有将结果看作是为企业作出的贡献，人们才会得到满足和必要的动力。

所以对于领导者而言，引导员工并与其进行讨论，帮助其对自己的贡献和工作的意义进行充分的认识，是他们最重要的工作之一。而这个工作不仅是结果的一部分，更是有效领导的内容。马里克认为，领导者必须要有勇气认识到，自己不可放弃的责任就是履行和感知义务，并接受照做。

但对于快乐的工作是来自于高效工作，而非具体事务，具体事务的快乐是次要的这一说法，汤淼并不认同。他认为，具体事务的快乐既不是次要的也非不现实的。假使不能从工作中得到快乐，那就说明这个人的位置站错了，他不适合这个职位，同时这个位置既不能使他得到更好的发展也不能展示他最好的一面。所以，他感受不到真正的责任与动力，也不会自责于选择了这个枯燥的、不合适的工作。这种资源浪费是万万不可被原谅的。因为对于工作，有潜质的人要求它必须有意义、能够得到满足和实现自我价值，所以这样下去只会导致最好的人才流失。

当然，工作总有例行公事的部分，所以它并不会一直都是快乐的，也不可能方方面面都是令人激动的。如果工作是否令人满意成为了找工作的前提，那这个要求太低了。所谓的"卫生保健因素"是远远不够的。如今，领导者投入那么多时间和精力在工作上，应该得到更多回报。

因此汤淼反对马里克的观点，对于做自己喜欢的工作就能做得好这一观点，并没有证据可以证明。反而实践证明了：只有在事业中投入足够的激情才能够做到最好。如果单凭爱好和一时的热情，就只能关注具体事务。而一旦一个人厌烦了他的工作，他就会找各式借口逃避和拒绝，最终就只能照章行事了。但这对企业的成功没有一点帮助。

这一点，在德国领导水平学院 2004 年的调查中得到证明，其间共有大约 350 名来自各行各业的管理者们（包括男女）接受了关于什么能够激发自己做到最好，以及什么会阻碍自己成功的调查。

如果管理者向员工们挥舞着"必须履行义务"的鞭子的话，那他不会得到员工的尊敬，因为员工们不是任由驱使的骡驴，而是企业的合伙人和共同决策者，这一点在当今尤为如此。所以，汤淼认为，营造一个员工们愿意在其中工作和生活的企业环境，才是领导的任务。

幸福感研究将人们行为的完全融合状态，即因为完全投身于工作而忘记时间和空间的这种状态，称作"Flow"。在此状态下，人们能够不费力气并且相当出色地完成工作，同时也会得到深层次的内心满足和满意。但"Flow"状态的前提是工作与人们的能力相吻合。而作为一名好的领导者，就应该使员工们置于这样的状态。

幸福感和企业的成功是紧密相连的。当员工们感到幸福时，才会更有效率、更投入，同时也对自己是企业的一员更有感触。而当他们觉得自己并不完全是为了挣薪水而工作，自己所从事的工作比他们本身要更加伟大时，他们工作的 Flow 感就会更加强烈。因此，领导者必须要具有将员工的情感需求置于公司市价和利润之上的远见，而不是只想到挤压员工，督促他们工作。

要想在工作时体验到 Flow 的感觉，必须要有一系列的前提准备：员工们需要既有一定挑战度但又可以达到，同时也具有意义的清晰目标，还需要得到对于其工作的反馈，并保证能够集中精力于工作。除此之外，员工们还要自己制定和执行目标。在此就只对马里克的"工作快乐相斥论"的驳论谈论这么多。

原则 2：整体贡献

对于自身工作的理解，有效的领导者并不会从自己的职位出发，而是整合自己的工作与知识、能力和经验，并取其合力为整个企业作贡献。对他而言，只有当排名、地位、优待等因素有助于业绩的取得时，才是重要的。而这个原则被马里克视为企业行为、整体思维、等级持平和动力持续的前提。

相对于企业和整体的情况，专业人士通常只知道自己的工作及其现实情况。这即使不是最根本的原因，也是导致专家行为在此意义上被误读而产生沟通问题的原因之一。而专家作为现代企业当中最重要的资源之一，必须了解同事及自己在整个企业中的作用，并融合到整体中来。

一个有效的领导者应该像交响乐指挥师指挥独唱者们和谐地合唱一样，使自己的专家们变成整体中的一员，并互相协调。不管是产品还是顾客，利润还是企业，明确而强大的目标导向都会不断地增强其思维和行为。

对于领导者而言，贡献导向相当重要。他们必须时常问自己，在整个企业当中，自己的贡献是什么，并且也要常常问员工："你们对企业做了什么贡献?"同时，由于企业越变越复杂，领导者必须和员工们一起定义贡献的概念，并使他们牢记这个抽象的整体。

被企业需要的动力会受到为了某个整体贡献力量的影响，而这种动力则不依赖于任何刺激或领导的行事方式，因此，马里克认为，最强大且唯一真正的动力源泉就是贡献导向。

原则 3：核心工作，集中精力

由于在管理中，分心和分散精力的危险表现最为突出，所以管理非常重要的原则就是集中精力于最重要的事物上。同时开展 10 项工程，但事实上没有一件事的时间是充足的，这种做法就是典型的"行事派"。若依据"没有压力就没有动力"的说法，匆忙和行动主义都是重要且无法取代的。

有效的领导会在一小部分精选出来的重点上集中有限的精力，在少数几个目标上集中能量。马里克说，由于世界的网络化、互动化和全球化，要想达到结果必须要集中。而集中则要求具有自我纪律和懂得优先，这正是一个清晰的组织结构所必要的。然而，在矩形的组织结构中，集中精力于核心工作，那是相当困难甚至是根本不可能的。

之所以强调这一点，是因为它虽然十分重要但却被很多企业所忽视。因为，可以集中力量完成只有少数几个相互联系的清晰目标，且它们还会在最底层的微小工序中体现出来，才是"目标管理"的意义所在，所以当目标太多、太杂时，"目标管理"也毫无作用。因此，领导者下一年的工作计划最好不要超过半页纸。

相较于手工工作，脑力劳动的生产率非常低。虽然脑力劳动者需要长时间不间断地工作，但实际上，不断被打扰，似乎已经成为了管理者们的一个工作特征。时间是有价资源，但很多人却没有充分地利用它，甚至经常浪费它。"外科医生可以在手术时对着一个刚打开的胸腔接听电话吗？"马里克问。存在在时间运用上的问题，这说明了对于自己和自己的时间，大多数领导者都不能好好地管理。即使他们可能在一个小时内处理大量事物，但是时间利用效率却不高。一个大问题通常都是始于领导者本身。

原则 4：发挥长处

虽然相较于一切从零开始，人们对于运用已有的东西更加得心应手，但是大部分领导者，尤其是人事专家，却不思考如何发挥自己的长处，反而和他们的员工们致力于怎样克服短处。

例如人才的挑选和培训、岗位的设立和职位的分配、业绩的评价和潜力的分析等一切和人有关的事物，都适用于发挥长处这一原则。很多人事制度都会因始终瞄准人的长处而成为多余，这使得人事工作更加精简，成本也更低更有效。但如果不注意这个原则，则会产生苦心经营的人力资源管理毁于一旦的灾难性后果。

领导者了解员工的长处是发挥人长处的前提。然而相比于优势，人的感知力总是先发觉到别人的不足和缺陷。即使一个人再无能也总有过人之处，反之亦然，再优秀的人也会有缺点。

有效的领导者应该知道员工们会什么，以及如何安排一个人才会使其发挥出最大的能力。而至于员工们不会什么，由于在这些方面并不会有建树，所以领导者并不需要关心。

同样，对于人的短处，管理者只关心如何让它不妨碍长处的发挥。做自己刚好会的事情自然就能够做得最好，所以只要将员工们摆在正确的位置上并委以合适的工作，不需要领导者在后面使劲督促，他们也会表现出最高水平。

量才适用，使人们有机会展示自己的能力并为企业作出贡献才是管理的任务。至于其他的做法，不仅不道德也不符合经济原则。所以对于试图改变人的个性的做法，马里克强烈反对。值得补充的是：领导者必须要有既能增进业务又能促进员工的发展的双方相互促进的想法。

原则 5：互相信任

最终起决定性作用的并不是平时说得最多的如动力、领导风格、企业文化之类的东西，而是互相信任。所以有些领导者的做法即使全然不同于教科书上的说法，却也能够创造很好的企业氛围和经济效益，而有些人尽管做得都对，但就是不成功。领导者若是能够取得周围人对他的信任并保持住，则会处于一个活泼有朝气的领导局面。从而环境会掩盖他的错误，使所有员工都不会马上怀疑其能力和权威。

要想获得员工们的信任，可以参照以下几个简单可行的规律。

第一，员工的错误就是老板的错误。即使对内一样要批评甚至做出处理，但在对外发言或向上汇报时，老板的正直都要靠得住。

第二，老板的错误其自己承担。对于自己的错误，所有领导者都要有承担的勇气。

第三，员工的成功属于他们自己。但遗憾的是，很多领导者都喜欢用下属的想法和成绩装点自己，而这正是信任的杀手。

第四，老板的成功属于整体，或至少属于几个老板。

要想建立信任，就必须懂得如何倾听和严肃对待员工。这也包括真正的领导者是要完成工作而不是角色扮演。

这里说到了最中心的问题——人性的真实性。

而这也正是该研究的起点和终点。性格的整体性是信任大厦的另一根支柱，它与真实性息息相关，会让员工们感到可信、稳固和可预测。必须要警告的是，切勿在建立信任这件事上要手段。因为毒化信任导致的损失是难以补偿的，所以优秀的领导者必定会马上杜绝这种想法的。

信任并不盲目，而是公平的。信任某人，意味着不仅信任他，同时也清楚自己的信任是否被玷污。而且所有员工都应该知道，如果玷污信任，则不可避免地会产生一定的不良结果。

原则6：凡事往好处想

领导者最重要的任务并不是解决问题，而是发现和利用机会。凡事往好处想这一原则则有利于让领导者看见机遇。此观点正好与保罗对成功领导者的看法不谋而合。他认为，成功的领导者必须要在翻车之前及时发现问题并将车扳回正轨，而非在车子翻了之后再指挥如何把车拉出山沟。领导者应该和其他人共同创造新的东西并预测到它们的成功。

这只是要领导者放弃不可能的事情，而集中精力于可能的事情上，而非念经治病或忽视问题。高效率的人懂得如何建设性地思考，面对困难，他客观看待，也不会被其所吓倒，反而在思考：这其中会有怎样的机遇？他不会等待别人来解救自己，只会努力克服失望和自身的失败，然后鼓起勇气继续前行。而他成功的经验则是继续前行的力量。

无论情况多么坏，凡事往好处想的原则也会使人做到最好。逆境并不是做得不够甚至不能做的借口。凡事往好处想的能力也不是与生俱来的，通过后天学习，所有人都能够学会。思想的训练大有用处，它不仅可以对人们的情感和态度，更会对人们对于局势的理解以及行事方式产生影响。而且这种思想训练多种多样，每个人都可以找到最适合他的。

第十五课
如何从前锋式领导进化为教练式领导

前锋型领导往往冲在最前方，倾向于命令下属并且不自觉地代替员工去完成部分任务，总认为员工做得不够尽善尽美，代之以亲自动手才觉得完美，同时不吝于为下属争取利益。

但教练式领导与之不同，他们做事情的同时，同时帮助员工成长，如此的管理方式显然更有利于企业的发展，也利于企业员工的个人发展。

◆ 教练式领导的特点

教练式领导不仅仅关注个人成长，并且注重工作绩效，因此备受推崇。但是情商大师格曼曾得出这样的结论：教练式领导被使用的频率最少，许多领导者表示没有时间做教练。

与其先探讨如何成为教练式领导，不如先来理解合格的教练式领导需要具备哪些特点。

◇ 教练式领导要"教"

英特尔公司前 CEO 葛路夫曾说 "一个教练应该曾经是个好选手"，首先要做一个内行，而且不仅要教怎么做，还要教为什么。这是做到管理大师皮特·桑吉所提倡的领导者的教师角色——"敦促所有人学习"的唯一方法。

教练式领导，顾名思义，当然要"练"，也就是要严格训练下属。

哈佛商学院教授司各特·史努克中学时代曾接受过著名篮球教练波比·内特的残酷训练，他深有所感地提出：部分技能只有通过不断地重复、训练、习惯、纪律才能完整掌握，教练式领导通过重复且要求很高的训练，"让你变得更好，无论是个人还是领导还是篮球运动员"。

◇ 教练式领导要打造团队

教练式领导要量体裁衣发挥每个员工的特长，并使之产生一加一大于二的效果。最重要的是把部门凝聚成一个整体、一个团队，推动这个团队为了共同的目标发挥作用。并且还要学会用胜利来刺激和鼓励员工。

著名橄榄球教练毕尔·瓦什在给经理人授课时强调说：无论是在办公室还是在球场上，激励人们的并非慷慨激昂的演讲本身，而是个人体现的能力。不约而同，著名的擅长激励球员的足球教练金吉阳说：一旦教练无法带队赢得胜利，再会鼓动人心也于事无补。

◇ 教练式领导不断追求卓越

教练式领导的最终目的并非赢得比赛——正如真正伟大的企业家不以利润为目的——他们的真正目的是更快、更高、更强。著名田径教练、耐克公司的共同创始人比尔·伯曼曾说：他不知道极限为何物。著名橄榄球教练凡斯·龙巴蒂则常说：人必定可以摘到星星。

◇ 教练式领导还要会问

帮助我们学习教练式领导的重要方法——提问。

比如：

你是否真的有心能吃苦、受委屈，从而去攀登更高的山峰？

你自己进行反思，朝着这个目标，你欠缺什么？

不难看出两个问题都不是封闭式的，没有隐藏答案，也并非简单的是非题。

事实上，教练式领导最直接有效的方式就是"问题解决问题"，这种方式就是提出问题来启发被教练者的心智模式，来获取解决方案。在提问的时候，有时候连教练自己尚不了解问题的答案，而只是画龙点睛而已。

◆ 高效的教练式领导时机选择

教练式领导不仅仅能让企业发展，同时让员工和企业一同成长，但是成为一名教练并不容易。这需要进行不断的学习，同时结合自身实际探讨，例如，何时放权、放权的权有多少等，而且时机尤为重要。

◇ 理想中的教练式领导

最近，汤淼主持了一个主题为"如何成为一名高效的教练"培训课程，课上，汤淼向他的学生提出一个问题，就是让他们描绘自己心中的理想教练。

参与课程的学生是许多位高权重的金融服务顾问，他们的职责就是管理和领导手下的项目团队，团队的客户正是无比富有的商人。按照汤淼之前的想法，汤淼认为他们会如此回答：

负责训练运动员或一支运动队伍的人。

在艺术领域如歌唱或表演进行单独教导的人。

向别人提供具体意见或帮助的人。

以上描述其实概括了人们对教练的传统观点，人们一致认为是向他人展示怎样在某个特定的领域提升自己的水平，并给出相应的参考意见的那些人。

然而，让汤淼暗自叫绝的是，这些高层金融服务顾问的答案和汤淼原本设想的并不一致。在他们看来，一个理想的教练可以做到：

并非简单指导对方的行为，而是耐心细致地帮助对方发现应该怎样做；

是一名优秀的聆听者。

平静自己的指导对象。

可以忍受指导对象自身的问题，诸如他们不会妄下结论，而是会诚心帮助对方。

积极对待指导对象。

积极地寻找问题的解决办法，或者帮助指导对象提升自己。

对指导对象取得的成绩感到骄傲。

鲜少流露负面情绪。

乐意与指导对象进行推心置腹的交谈，直到对方解决心结。指导对象心情不佳时，会使他们重拾信心。

关怀指导对象。

给指导对象提供一个"舒适空间"，让指导对象在哪里都可以不加修饰地倾诉自己的想法和感觉。

汤淼本人可能也无法列出一个更好的答案。然后，他们给自己心中的理想教练布置了一个任务，就是：提出问题，并且帮助指导对象找到答案。

到了这个阶段，汤淼开始感到自己几乎是多余的，然而与此同时一种喜悦感从心底生发。他们对教练开朗的态度会大大降低汤淼的工作难度。在这样的前提下他们就会倾向于认可指导这个工具可以发挥的重要作用——通过应用指导这个工具来帮助团队中的工作人员实现自身的发展。他们已经以一种完美的方式说明了这个观点，现在他们所需要的只有工具和技巧了。

◇ **选择最佳的指导时机**

对于管理新人而言，指导本应是最大程度挖掘下属潜力的工具。可是如今的指导对管理者而言是一个发展工具，其中缘由不言而喻，因为这样可以更好地鼓励人们为自身发展负责。

但是这也并不意味着传统意义上的培训（即传授知识或者技能）变得一无是处。二者之间是相辅相成的，前者可以让后者更加有的放矢。甚至在特定时间，某个培训课程可以成为指导方案的一部分。但是在什么情况下应该指导员工，而在什么情况下又该进行培训呢？

在指导过程中，只有指导对象才能：

明确需求。

明确这个需求在当下会对他们造成影响。

确定为实施某个解决方案负责。

另外一些时候，迫切需要实现进一步发展的员工相对来说会比较愿意接受指导，也就存在抵触心理。

◆ 成为教练式领导的训练

　　成为教练式领导并不容易。除了要辨别是培训还是指导、抓准指导时机之外，还要对工作的具体环节作出具体的应对，同时对自己进行不断训练，努力让自己成为合格的教练式领导。

◇ GROW 模型

　　当代社会使用的模型或技巧纷繁复杂，五花八门。毫无疑问地，GROW模型是最好的一种。该模型由乔·慧特莫尔最先引入。

　　它涵盖了前面所提到的关于金融服务顾问的所有方面。而且，这个模型的目的也简单地告诉指导对象应该怎么做，或者努力的方向，帮助他们找到终极解决方案，从而解决自己的问题，或者弥补自己在知识或技能方面的缺陷。

　　GROW 含义：

　　目标（Goal）；

　　现状（Reality）；

　　选择（Options）；

　　行动意志力（Will）。

　　按照设想，人们从"目标"出发，然后顺风顺水地进展到"行动意志力"。但是在实际操作当中，人们不难发现教练在面对具体情景时，需要在前 3 个环节中循环往复，而非一气呵成。

1. 确定指导对象的目标

教练和指导对象需要进行切实讨论来制定明确实际的目标，并且就这些目标达成一致。

这个目标不是针对指导对象本身所规划制定的长远目标，而仅仅是在进行第一阶段讨论时就可以实现的目标。举例说明，指导对象似乎当下还不清楚自己的长远目标是什么。但是他们却知道自己在哪些方面还存在知识或技能上的不足。因此，教练可以针对这种情况提出问题："你希望通过这个讨论达到怎样的目的？"或者"你希望通过今天的讨论获得什么？"为了实现最终目标，教练需要与指导对象会面，单纯去依赖第一阶段的讨论是很不足的。

2. 核实现状

作为教练，你的目标就是帮助对方根据自己和他人的看法进一步了解自己的现状。例如，指导对象可以提出类似下述问题："现在是什么情况？"或者"你在哪方面力所能及？哪方面感到吃力？"或者"有其他人发现了这一点并且给予你一些反馈了吗？"

如果指导对象对目前的状况也进行了一定了解，那么就可以告诉指导对象自己的看法，从而对方对现状有一个更加清醒的认识。

3. 审视所有备选方案

在"选择"这个环节，帮助自己的指导对象挖掘出他们所有的备选方案（或者可以实现的备选方案）是教练的目标，从而成功地应对目前的局面。

在这个过程中，教练一定不可以过分干预指导对象，也不能将自己心目中所设想的最佳方案强加给指导对象，也就是教练一定要控制自己的干涉欲望。一个经验丰富的教练曾经对汤森这么说过："你要做的是引导对方产生某个观点，而不是自己本身受某个观点的决定性影响。"这通过有效的提问就可以解决。提问可帮助指导对象缩小自己的可选范围，并且最终找到最好的那一个。例如，教练可以这样提问："你可以怎样改变现状？"或者"除此之外还有没有别的办法？"在本章的末尾，汤淼们为大家列举了一些问题。

4. 培养指导对象的行动意志力

这一部分的教练为了调动指导对象的积极性，培养他们的行动意志力以便进一步采取行动。教练应该帮助指导对象做到以下几点：

选择最佳方案。

采取行动。

明确行动方案，这个行动方案需要包含下列步骤，还要规定每个步骤的完成时间。

明确克服可能出现的困难的途径。

这时候的教练可以提出这样的问题："你接下来该怎样？""这个环节应该什么时候进行？""其中可能会出现什么问题？""你如何确保所有的问题都不会对你实现最终目标产生影响？""你需要什么帮助？"

这种类型的指导会成为有效的工具，能够帮助指导对象。但是，为了卓越的成效，以下几点条件必不可少：

教练必须发自内心、诚心诚意地帮助对方。

教练必须坚定信念，相信对方孺子可教，而非无药可救。

指导对象必须自己想要参加这个训导项目。

◇ 使用 GROW 模型会遇到哪些瓶颈

教练在使用类似模型时，可能会面临着以下挑战，那就是，怎样避免自己直接指手画脚、发号施令。一名合格的教练，可以做的只有提问、总结及聆听。除非对方在"选择"或"行动意志力"的环节主动征求你的意见，否则，避免主动提出意见。

对于很多管理者来说，要克制干涉欲望并不容易，因为在他们的日常工作中，发号施令已成习惯，这和指导过程对于他们的要求恰好完全相反。但是，一旦克服了这个困难，在整个指导过程中进行引导而非指导性，那么你们就会获得惊喜，指导对象能够自觉地承担起任务，因为他们知道教练仅仅是催化剂，最后任何事情都落实到他们头上，不能依靠别人。

在开始指导前，教练要问自己这样的问题，从而确定自己的状态是否适合担当。这两个问题如下：

你们是真心想要帮助这个指导对象实现自我发展吗？

为什么呢？

◇ **练习方法**

熟悉不同环节面对的行为和挑战后，还需要大量实际练习，才能成为真正的教练式领导。

下属因为某个问题而叫苦不迭，或者带着某个问题来向你求助的时候，你可以做的是提出以下 4 个问题来进行引导。

目标：目前你的目标是什么？

现状：目前面临着阻碍意味着你很难实现这个目标？

选择：你可以选择做些什么？哪种方案才是最佳的？

行动意志力：现在你如何具体落实？

从下属向你求助的问题入手，一旦管理者完全掌握以上 4 个环节，认为自己完全熟知了这 4 个环节，并能够运用自如的时候，完全可以在下属向自己寻求帮助的时候正确地对这个模型加以应用。一举出击，从而帮助下属解决他们可能还没有意识到的问题。

当管理者认为自己已经很好地将其运用到下属提出的问题时，就可主动去帮助那些在部分领域存在知识上或技能上的问题但自己尚无意识的成员。

值得一提的是教练很有可能在上文提到第一、二、三环节之间反复来回。确认这样的话，以下几点建议相当重要：

一定要无比专心，教练的目标是确认指导对象在确定最终解决方案的过程中，绝对自主；同时负责具体方案的实施。

一定要保证在4个环节中的每个阶段分别得出明确的结论：

目标：你想要实现的目标有哪些？

现状：现状如何呢？

选择：备选方案有哪些？哪个方案才是最合适的？

行动意志力：当前需要做些什么？具体的行动时间是否已经确定？

最重要的是，教练必定坚持对指导对象提出的问题有解决方案、有所信心，而且指导对象可以能够通过自己的努力独立地解决方案。不管自己可以提出多好的方案，也不要将其强加于自己的指导对象。让员工安心地为一个行动方案付出所有努力，总比让他在实施自己的领导所提出的方案中暗地里叫苦要更好。

第十六课
提高综合领导水平的黄金法则

　　无论何种类型的机构，或者你想成为怎样的领导，领导必须具备员工没有的一些特点和素质，才能更好地做一个领导。

　　怎样提高你的综合领导能力，从而使你在任何组织里面都能胜任领导职位呢？

◆ 标杆法则

　　领导水平决定一个人的成效，必须通过不断的学习从而提高自己的领导能力。

　　早在 1930 年，曾有怀揣美国梦的一对兄弟，从新罕布什尔来到加州。他们一个叫迪克，一个是莫里斯。两人刚刚高中毕业，认为回老家几乎没有发展前途，于是直奔好莱坞，最终在一个摄影棚找到了工作。

没过多久，出于对娱乐行业的兴趣，他们雄心满怀地在位于好莱坞东北边大约5英里的格兰德勒开了一家剧院。虽然两兄弟非常努力，却无法盈利。在这4年里，他们经常为了支付每个月100美元的房租而担心着急。

然而这对兄弟雄心勃勃、渴望成功，仍然继续奋斗，不断寻找更好的机会。1937年，灵感迸发，他们终于找到了一桩好生意，在格兰德勒以东的帕萨迪纳做起餐饮生意，一家小小的免下车餐馆。正好那时的南加州居民出门通通使用汽车，同时给当地的商业、文化带来不可估量的改变。

免下车餐馆崛起于20世纪30年代早期，而且逐渐受到大众欢迎。顾客不需要进入餐厅用餐，只需要把车开到小餐馆周围的停车场，服务员走到窗边为顾客点餐，顾客顺理成章地就在车里享用餐盘里的食物，其中各类餐具非常齐备。

在一个节奏不断加快、流动性也越来越强的现代社会里，这个创意显然符合时代潮流。

免下车餐厅一下子成功了。1940年，他们决定把餐馆搬到圣贝尔纳尔迪诺，该地区就在洛杉矶以东50英里的地方，聚集着工薪阶层的新兴城市。他们不断扩张店面，把菜品从热狗、油炸食品和奶昔增添了烤牛肉、猪肉三明治、汉堡包和其他食品。他们生意非常红火。年营业额高达20万美元，这样每年就有5万美元的纯利润，如此高的收入使他们迅速跻身当地的财富新贵。

1948年的两兄弟再次意识到时代变了，于是他们调整了餐馆的生意。他们废除了服务员送饭上车的服务，转向只服务走进餐馆的顾客。同时，他们进一步简化手续，提高效率；菜单也得到精简，专卖汉堡包。他们还废除了瓷盘、玻璃杯和金属餐具，改成使用纸盘、纸杯、塑胶刀叉，成本得到降低，价格自然随之降低。他们还创造了一个名为"快速服务系统"的新系统。厨房几乎成为一条流水线，每一条都在高速运转，目标是在 30 秒甚至更短的时间内迅速满足客人需要，他们做到了。到 20 世纪 50 年代中期，餐馆年收益创造了 35 万美元的高峰，两兄弟每年能分到约 10 万美元的纯利润。

这两个兄弟究竟是何人？时光倒流，你可以到他们开的小餐馆参观一下。在那幢矮小的八角建筑前有一个霓虹灯招牌：麦当劳汉堡包。你是不是以为迪克·麦当劳和莫里斯·麦当劳已经大发横财，从此青云直上？并没有。两兄弟的事业没能继续往前滚动，因为他们的领导水平变成了标杆，而这也正好阻碍了他们取得成功的机会。

怎样把标杆法则应用于你的实际生活呢？

1. 列出你的主要目标

多去关注一些重大目标（需要使用一年甚至更长时间去实现的那些目标，保证超过 5 条，但少于 10 条），然后进行分析，其中哪些目标需要其他人的参与或者进行合作。相应地，在这些活动上，你的领导水平在极大地影响着你的办事效力。

2. 测试你的领导水平，对自己的基本领导水平有个全面了解

让别人来评估你的领导水平水平。与你的老板、配偶、两个同事还有 3 个你的下属谈一谈你的领导能力。让他们按照从 1 级（低）到 10 级（高）的评估标准，从以下各方面分别给你打分：

人际交往能力

规划能力及战略性思维

远见卓识

成绩

将平均分与你自评的分数进行对比。根据这些测评来看，你的领导水平究竟是比你自己想象中的更高还是低？如果你的测试分数与别人的打分有很大差距，你觉得是什么原因造成的？你乐意在领导水平方面有所提高吗？

◆ 经验沉淀法则

领导水平来自滴水穿石，而非一日之功，突击学习无法习得领导水平，小聪明同样如此，而是需要经过一个慢慢积淀的过程。

1. 领导水平可以不断增值

作为一个领导，与在股票市场上投资十分相似。如果希望在一天之内赚大钱，那你肯定要面对失败。而在培养领导水平方面，同样没有成功的"短线操盘手"。最重要的是，你在一段很长的时间内每天都在坚持做些什么。

汤森的朋友泰格·萧特说："我们的秘诀就在于每天的日程表。"如果持之以恒地在培养领导水平，那就让你的"资本"增值，日积月累，领导水平肯定会得到提高。从某个人的日程表你能发现什么呢？优先考虑的事情、热情、能力、关系、态度、个人原则、希望和影响。仔细观察一个人每天都在做什么，日复一日做什么，你就能清楚了解他／她是谁，他（她）将会变成谁。

讲授领导水平法则时，人们不断询问汤森："领导者是否天生？"汤森常常如此回答："当然了啊……有哪个领导者不是生出来的？否则他们如何来到这个世界的？"大家都笑了。接着汤森开始回答——领导水平是否是一个人天生拥有的才能。

成为领导与在股票市场上投资很相似。但是希望在一天之内赚大钱，那你肯定做不到。

领导水平集合多种能力，上述能力都是可以通过后天学习学会的，也是可以提高的。然而这绝不是一夜之间的事情。领导水平的含义非常复杂，包含着：敬意、经历、感染力、能力、原则性、远见、发展态势以及时机——这个清单还可以写下去。

正如你所看到的，那些真正发挥作用的因素都是无形的。正因为如此，领导者们需要长时间的磨炼才能真正提高效力。同时，汤淼觉得自己也是到50岁以后才逐步洞察了领导水平的本质。

2. 领导者是善于学习的人

通过对90位来自各行各业的杰出领导人的调查，领导水平专家沃伦·本尼斯和伯特·纳努斯追逐到了成长和领导水平的关系："自我发展，不断提高自身水平的能力就是领导者与被领导者最大的区别。"优秀的领导者通通善于学习。这个学习过程是不能间断的，需要通过自我约束、坚持不懈才能够真正做到。每一天的目标就是比前一天更好一点，在前一天的基础上再进步一点。

问题是大多数人过分高估结果的重要性，因而低估了过程的作用，所有人都渴望有一个简便快捷的办法。但是你了解吗，安妮·谢芭积累了50年才获得的巨大财富，如何能在50分钟后就得到这个结果呢？

领导水平是通过日积月累来提高而不是一蹴而就的，这就是沉淀法则所阐明的道理。本杰明·狄斯累利坚信："人生成功的秘诀是，为机会的到来时刻准备着。"不论目标如何，一个人要作好准备，就要坚持训练，奋斗不断。

在各个行业，你都能观察到沉淀法则的影响。NBA 的顶级运动员拉里·伯德能成为出色的罚球射手的原因，是他每天去学校上学前都要练习投 500 个球。古希腊的德摩斯梯尼成为伟大的演说家的前提是他口含石子练习朗诵，面对波涛澎湃大海练习演讲——就算有天生语言障碍，他也做到了。你最后也能有同样的献身精神。成为优秀的领导者就意味着必须每天为之努力。

3. 领导水平提高的几个阶段

领导水平提高的过程如何？由于个体差异，每一个人都有不一样的经历。然而，不论你是否拥有领导天赋，你在领导水平上的进步大概都会经历下面的 5 个阶段：

（1）不了解自己不了解

大部分人不清楚领导水平的价值所在，有一些人不知道领导水平有多重要，还有一些人以为领导水平只适用于少数人也就是公司高层。他们不知道正是不学习如何练就领导水平也就意味着错过了多少机会。一位大学校长曾经跟汤森说，很少有学生报名修读学校的领导水平课程。这是最好的证明。为什么呢？很少有人认为自己能当领导。如果他们知道了领导水平等同于影响力，明白大多数人每天都在尝试着影响至少 4 个人，那么他们想要进一步学习的激情就会被点燃了。不幸的是，如果一个人不了解自己不了解，他就不会进步。

（2）知道自己需要知道

人生的某一个阶段，很多人虽身为领导者，转身一看，却发现没有人追随自己。一旦这种情况发生，汤森们意识到自己是时候学习如何当一个领导者了。当然，这也就理所当然地成为学习过程的起点了。英国前首相本杰明·狄斯累利曾说过一句至理名言："当意识到自己对一些事情一无所知时，你就向知识迈近了一步。"

汤淼是在 1969 年初次走上领导岗位的时候意识到这一点的。汤淼一直担任体育队的领队，并且在大学时期就担任学生会的主席，因此汤淼早就觉得自己是一个领导了。可当汤淼在日常生活中去尝试领导别人的时候，汤淼看到了一个可怕的事实：处于领导的地位与真正地当一个领导并不相同。

（3）知道自己不知道

在那第一个领导岗位上，汤淼拼着命坚持了好久。说实话，汤淼依靠的是十足的精力和自己幸存的一点感召力。但是后来他终于意识到，领导水平才是事业成功的关键所在，不提高自己的领导水平事业永远不会有起色，也就无法实现自己定下的目标。幸运的是，当时的汤淼与成功动力有限公司的库尔特·坎普密尔共同用了一次早餐。饭桌上的库尔特问了一个改变汤淼一生的问题。

"约翰，"他问汤淼，"你的个人发展规划是怎样的？"

汤淼根本无法回答，只好承认自己确实没有人生规划。当天晚上，汤淼的妻子玛格丽特和汤淼一起决定节衣缩食，让汤淼参加库尔特的学习课程。这是明确向个人成长迈出的第一步。从那天起，直至今天，汤淼始终都在读书、听录音，去听有关领导水平的讲座。

在偶遇库尔特的前后，汤淼本来还有其他主意：给自己的行业的前 10 位领导人写信，提出很乐于用 100 美元（这对于当时的汤淼来说可不是小数目）交换与他们见面谈话半小时的机会，以便当面向他们请教。于是，接下来的几年，玛格丽特和汤淼总在那些人所在的地区度假。假设有位身处克利夫兰的优秀领导人答应了汤淼的请求，那一年汤淼会前往克利夫兰以便与之会面。那些宝贵经验对汤淼产生了怎样的帮助是难以言表的。那些领导者与汤淼分享的经验是无法在别处学到的。

（4）我知道，我成长，我发现

一旦认识到自己能力的不足，开始每天训练、提高自己的能力，就会有令人激动的事情发生。

就在几年前，汤森曾在丹佛给一群人讲授领导水平时，发现人群中有一个特别显眼的叫布赖恩的19岁青年。几天里，汤森发现他非常认真地做笔记，并且积极与身边的人交流。课间的时候汤森也和他有几次交流。当讲到沉淀法则时，汤森让布赖恩起立与之对话，汤森希望在座的人都会认真倾听。

"布赖恩，我没有停止观察你，"汤森说，"你饥渴的学习态度、巨大的渴望让我印象深刻。我渴望告诉你一个能改变你一生的秘诀。"所有听众似乎都把身子向前探了探。

"我毫不怀疑，大约20年之后的你可以成为一位了不起的领导人。我想要告诫你的是，不要停止学习领导水平。保持读书、听录音，不要放弃参加研讨会。当你看到一句至理名言或者是含义深刻的引语，记下了，有一天你会用到它。"

"这确实很艰难，"汤森说，"然而5年之后，随着你的影响力逐渐增大，你很快可以看到自己的进步。10年后，你将具有提高领导效率的能力。20年后，那时的你还只有39岁，如果可以做到坚持学习，不断进步，那时候很可能会有人让你教他们如何提高自己的领导能力。有些人可能会对此深感惊奇。他们会看着对方，发出'他怎么忽然变得这么精明能干了？'的赞叹。"

"布赖恩，"汤森总结说，"你当然可以成为杰出的领导者，但是这不是一下子就可以做到的事情。现在就开始坚持不懈的努力吧。"这个建议对布赖恩有用，对于每一个人都同样适用。从今天开始不断锻炼自己的领导水平，总有一天你会体会到沉淀法则的作用。

(5) 因为我知道

经过第四阶段，你的领导水平大概已经是非常高效，但你还是要仔细考虑自己每一个决定。然而，到了第五阶段，你的领导水平已经变成了下意识。

你的直觉高度发达，这就是结果的惊人之处。但是到达终点的唯一途径就是遵守沉淀法则，付出相应的代价。

◆ 倍增法则

很多人认为领导地位意味着成功，他们想要在这条路上走得越来越远，爬得更高，爬上自己能力可以达到的最高位。但是，不同于这种陈旧观念，汤森认为领导水平的底线不是走多远，而在于能够帮助他人走多远。要做到这一点的秘诀是领导者服务他人，提升他人的价值。

零售业专家们极其关注辛内加尔的成功模式：商品种类是有限的；薄利多销；没有广告宣传。但是有一个极大的区别因素，将他与其他采用类似策略的商家区别开来——对员工的态度。他认为给员工提供优厚的工资待遇和良好的福利是理所当然的。

"好事多"的员工工资高出其竞争者的将近 42%，并且"所支付的医疗保健费只占国家平均水平一小部分"。辛内加尔坚信，只要你对员工好，

"也就意味着高素质的员工和较高的生产力"，与此同时还有员工的一片忠心。到目前为止，"好事多"的员工流动率在零售行业是始终最低的。

然而辛内加尔提升员工价值的领导风格并不限于此。他竭尽全力关怀着"好事多"的雇员们。他对每一个人都真诚坦率。他和所有人一样戴着员工名牌，与每个人直接以名字相称，每一年，他都至少去一次每家"好事多"店铺。

服务他人，增值他人，这不仅仅有益于那些享受服务的人，同时，领导者也可以从中得以经历以下过程：

实现对他人的领导

拥有正确的领导动机

拥有领导者实施重大举措的能力

带领团队获得发展

带着服务团队的态度

对领导者而言，最高的职位并不就是最好的，最显眼、最有权力的职位同样如此，最好的位子是他（她）能够尽力服务、尽力为人增值的地方。

那么，如何为他人增值呢？

一共有 3 条基本方针，每一个真正想要实践倍增法则的人都可以试试。

1. 当真正意识到重视他人的同时就增加了他人的价值

戴利尔·哈特利—里昂纳多从凯悦酒店集团总裁退位之后，出任国际生产集团的执行总裁。他说："当一个人升职到领导之后，他（她）就自动放弃了辱骂别人的权利。"汤森对此深信不已。但那只是优秀领导水平的第一步。

杰出的领导者不仅不会伤害别人，而且会有意识地去提供帮助。为了真正做到这一点，领导者必须做到重视他人，向下属表达自己的关心并且让他们感受到这种关心。

多年以来，丹·瑞兰一直是汤森的得力助手。毫无疑问他是一个出色的领导者，非常重视部下。但他刚开始为汤森工作的时候，这一点被隐藏了。有一天，汤森正在大厅和几个人聊天，刚刚上任的他进来了，手里夹着公文包。丹从汤森身旁走过去，沉默着直接穿过大厅向自己的办公室走去。汤森受到了惊吓。作为一名领导，怎么能够与同事擦肩而过却不打招呼？汤森很快从原来的谈话中抽出精力，跟着丹来到他的办公室。

"丹，"招呼之后，汤森问他，"为什么与大家擦肩而过一言不发呢？"

"因为我今天有很多任务，"丹回答说，"而且我真的很想尽快开始。"

"丹，"汤森说，"你刚才恰恰错过了自己的工作。别忘了，领导水平不能离开人。"丹有关怀，而且想要成为服务别人的领导，但他隐藏了。

汤森听说，在美国的手语里，服务，手掌向上，放在胸前，在手势者与对方之间往返移动。的确，这是一个不错的比喻，象征着公仆式的领导人要做的是什么：他们应该公开真诚、信赖他人、关怀备至、十分热心并且易于接受意见。那些服务他人、为他人增值的领导者，在赢得别人信任之前会交付自己的信任，在享受别人服务之前会先服务他人。

2. 当使自己成为更加令人钦佩的人时，你就增加了他人的价值

要为他人增值，条件是你确实要有一些价值能够给他们。你不能承诺给出一些你所不具备、不能提供的东西。那么你有什么可以给予别人的？技能、机会、经验？任何东西都是有代价的。

技能，是通过学习和训练学来的。机会，是通过辛勤工作换来的。智慧，是通过有意识地总结自己的经验得到的。带着目的性地成长，也就意味

着你所能提供的就越多。你越是不停步地追求个人成长，你就越能不停地提供经验。

3. 当了解到别人重视什么并且在为之努力时，你就做到了增值

管理顾问南茜·K.奥斯汀说她曾有一次住在自己最喜欢的酒店，不小心扫视自己的床底下，惊奇地发现那里有一张卡片，上面有一行字："没错，我们连这里都打扫干净了！""酒店的大厅已经在记忆里模糊，枝形吊灯和地上铺着的大理石也模糊了。"她单单记得那张卡片。酒店内务管理人员已经预想到了对她来说很有可能比较重要的东西，这就是成功了。

这被普遍认为是良好的顾客服务，并且当自己是顾客或客人时，每个人都希望能够享受到这种服务。与此同时，作为领导者，你们却很难主动想到去提供这样的服务。而这正是成功领导的关键。作为领导者，应该如何知道人们重视的东西是什么并且努力去做呢？没错，就是倾听！

缺乏经验的领导者常常在了解他们的下属之前就急于开始，而成熟的领导者会去倾听、了解，然后再正式开始。他们会用心聆听下属的故事，了解他们的希望和梦想以及渴望，甚至于关注他们的思想感情。下属如此这般被了解，还有他们所珍视的是什么，然后，他们会根据所掌握的情况去制订工作计划，为员工增值。

◆ 尊重他人法则

人们都乐于追随比自己强的领导者，员工对你的尊重和信任，使你的领导水平最大化，从而提高工作效率。

当年的哈里特·杜伯曼深入禁区，带领数量庞大的人逃离奴隶制，年仅30岁，就被大家称为摩西。一开始，杜伯曼也是奴隶。她生于1820年，在马里兰州的农场长大。13岁时，她的头上受到了重创，由此带来的病痛持续折磨了她一生。当时她在一家商店，一个白人监工要她帮忙殴打一名逃跑的奴隶。她勇敢地拒绝了，并且拦住监工，这个心狠手辣的男人就拿了一个两磅的秤砣打她的头。她几近死亡，几个月后才恢复过来。

24岁的时候，她嫁给了一个自由黑人——约翰·杜伯曼。但当她建议说要逃到北方时，他拒绝了。他说如果她想要逃出去，他立马告发。1849年，当下定决心要碰碰运气，逃走时的她单独行动了，从头至尾对丈夫只字未提。她的第一个传记撰写人莎拉·布拉德福说，杜伯曼这样描述："我在脑子里这样设想着：我只能在自由或者死亡选一个。这是一个非此即彼的选择，因为没有人能够活捉我。只要活着，我就要会为自由而战。当我该离开时，上帝自然会派人来带走我。"

通过地下铁道——一个由帮助奴隶逃跑的自由黑人、白人废奴主义者和贵格会教徒们组成的秘密组织，杜伯曼来到了宾夕法尼亚州的费城，尽管变成了自由之身但她发誓要回到马里兰州，营救她的亲人们。1850 年，那是她的第一次回程，成为一名地下铁道的"列车员"——在沿路支持者的帮助下，营救并且带领那些悲惨的奴隶拥抱自由。

1. 钢铁般的领袖

每年夏季和冬季，杜伯曼通过佣人赚钱，积攒回去的费用。而到了春季和秋季，她冒着生命危险回到南方，带来更多的人。她根本不害怕，没有什么可以动摇她的领导地位。她的工作并不安全，当她带领的人们开始动摇了或者心生异想时，她始终如钢铁般坚定。她知道，逃跑的奴隶回去以后面对的就是严刑拷打，直到他们说出那个帮助他们逃跑的人的名字，因此她强迫她带领的人不能放弃。"死人不会告密，"她会用一把上了膛的手枪指着某个胆小奴隶的脑袋，说，"继续前进活着死!"

在 1850 ~ 1860 年短短 10 年间，哈里特·杜伯曼解救了 300 多人，很多是她的亲人。她一共往返了 19 趟，而让她分外自豪的是，没有一个人被落下。"我从不会让火车出轨，"她说，"也不会丢下乘客。"当时，南方白人悬赏 12000 美元要她的脑袋——当时可是一笔巨额财富。南方黑人只是称她为摩西。一直到美国内战开始之前，她解救的奴隶比美国历史上任何人解救的都多——不论人种或者性别。

2. 声望与日俱增

杜伯曼的名气和影响力不仅为她获得了渴望获得自由的奴隶们的尊敬，那些北方影响力较大的白人和黑人都来找她。她在很多地方发表演讲，一路从宾夕法尼亚州的费城、马萨诸塞州的波士顿、加拿大的圣·卡芙莲到纽约州的奥本——她最终定居的地方。不少有名望的人也前来拜访，比如威廉·苏厄德议员——后来他成了亚伯拉罕·林肯的国务卿，还有坦率直言的废奴主义者——原本当过奴隶的弗雷德里克·道格拉斯，约翰·布朗——著名的改革派废奴主义者，也来寻求杜伯曼的建议和领导。布朗将这位先前的奴隶称为"杜伯曼将军"，他还说她"比他眼里的大多数军官更优秀，她能够成功带领军队，就像带领她的一小队逃亡者一样"。这就是增值他人法则的实质。

哈里特·杜伯曼看似无法成为一名领导者，因为所有条件对她都是不利的：没有受过教育；没有良好出身；没有好的文化环境中；而且在她奋斗一生的国家里，妇女尚且没有选举权。尽管种种不利之处有那么多，她最终仍成为了一个令人无法忽略的领导者。理由很简单：人们选择比自己强的人来领导自己。与她打交道的人无法不感受到她强大的领导水平，继而不由自主地追随她。增值他人法则能发挥如此效力，这也是对领导水平的考验。

到底是什么使一个人尊敬并且听从另一个人？是由于领导者的高洁品质吗？是因为他们一同参与的过程吗？是因为环境条件吗？以上这些因素都在起作用。然而根据观察和个人经验，以下是领导者赢得别人尊敬的最重要的5个方面：

1. 天生的领导才能

当然，首当其冲的是领导能力。有些人生来就比别人拥有更多的领导天赋。然而，正如汤淼在标杆法则和沉淀法则中所说的，每个人都能成为更好的领导者。

2. 勇气

人们如此尊敬哈里特·杜伯曼的原因之一就是她的令人难以置信的勇气。她下定了决心，不是成功，就是为成功而死。她根本不在乎危险。她的任务是明确的，并且对此她是完全没有畏惧的。

美国前国务卿亨利·基辛格有这样一句名言："作为领导者，除非他愿意偶尔单打独斗，否则就是名不副实的。"一个了不起的优秀领导者坚持做正确的事，也许会有人反对，但是即使是冒着失败的风险，面对巨大的危险，还有批评和巨大压力。但是，汤淼想不出历史上有哪一位伟大的领导者缺乏勇气。

你能想出来吗？领导者的勇气有着巨大价值——它赋予追随者希望。

3. 成功

成功光彩照人，人们自然而然会被成功吸引。这也是现代社会中人们对成功人士的生活关注度如此之高的原因之一。

对于领导者来说，成功当然更加重要。人们艳羡别人的成就。千言万语都比不上一张优秀的成绩单直接有效。当领导者在自己的领域赢得成功时，人们不由自主地尊敬他们。当他们成功地引领队伍获得胜利时，追随者们很容易倾向于相信他们能够再次成功。因此，追随者们跟从领导者的目的就是，他们即将成为未来的成功的一份子。

4. 忠诚

这是一个自由选择的时代。职业运动员从一个俱乐部转会，寻找着最值钱的交易。首席执行官们开会商讨达成巨额一揽子金融交易，当问题浮现时，身为百万富翁的他们迅速放弃这一计划。有消息称到 36 岁时，中等熟练程度的工人平均每人换了 10 次工作。

在一个不乏巨大变迁的文化环境里，忠诚成为一种了不起的资本。当领导者始终保持着与团队共进退的姿态，直至完整地完成任务；当领导者在情况恶化时仍然不改变对组织的忠诚；当领导者始终照顾追随者，即便自己会受到伤害，追随者会随之尊敬他们以及他们付出的一切。

5. 为他人增加价值

领导者赢得尊敬的最大来源是——为他人增值。这点已经在倍增法则中作过阐释，此处不再赘述。但是你要首先了解追随者尊重那些为自己增值的领导者，而且他们对领导者的尊敬即使在领导关系结束之后仍将持续很长时间。

◆ 行动机遇法则

优秀的领导者非常了解，领导的时机与方法和方向都如此重要。时机通常决定成败与否。

行动的结果不会超过以下 4 种：

1. 在错误时机采取错误行动就意味着一场灾难

一位领导者如果错误地估算了时机，行动也错误了，负面结果随之而来。在卡特里娜即将登陆新奥尔良的时候情况就是如此。纳金低下的领导水平允许他在错误的时机采取错误的行动：首先他没有立刻下达强制撤离令，而是停滞在等待，等到他发传真给当地教会请求他们帮助撤离群众，但早已错过了时间，收传真的人都已经离开；其次他还选择了一个糟糕的最后避难所，他忘记了需要为避难者提供物资，而且也没有充足的交通工具。接连不断的错误最终导致了灾难的发生和恶化。

当然，不是所有领导者的决定都像纳金市长这样会有导致灾难的风险。各种情形之下的领导者最好把握"行动机遇法则"。如果在错误时机采取了错误行动，对谁都是一场灾难。

2. 时机错了，行动正确，结果是抵制

一位优秀的领导者，只有组织、团队发展的目标以及一步步步骤是远远不够的。如果在错误的时机采取正确的行动，你仍然离成功很远，因为下属们会抵制你的领导。

良好的领导时机需要很多条件：

认识：领导者必须对局势有清醒的认识

成熟：领导者的动机过于幼稚，也就不会有良好的时机

信心：人们往往追随自信自立的领导者

果断：优柔寡断的领导者也就意味着优柔寡断的下属

经验：如果领导者缺乏经验，那么他们需要另外一些有经验的人

直觉：时机通常是由一些抽象的东西决定的，比如动势和士气

准备：在不合适的情况下领导者必须创造条件

汤淼自己经历过惨痛的教训。20 世纪 80 年代，汤淼尝试在当时管理的天空线教会开始小组化建设。在设想中，这本是正确的，却以惨败收场。错在哪里呢？时机，当时的这个领域缺乏经验丰富的领导者，所以只能摸着石头过河。但更重要的是，教会自身也没有为此做好充足良好的准备，他们没有意识到小组化建设是否可以成功是由培养的小组长人数决定的。

在接下来几年里，汤淼尝试把这个系统进入运营，但都以失败告终。6 年后，他们终于终结了原来的系统，培养了领导者、重新开始之后再度推动小组化建设，而这次终于成功。

3. 在正确时机采取错误行动，结果当然还是不对

人们总认为企业家自然而然的具备时机意识。他们的直觉会告诉他们什么时候该采取行动。往往是哪些重要关头，他们可能会采取错误的行动。汤淼的哥哥拉里同样是位出色的商人，在商业领域，他一直在教授汤淼。拉里

说企业家或其他从事商业的人犯的最大错误就是不知道选择正确时机减少损失和增加投资，使利润最大化。这样的错误说到底还是因为他们在正确的时机采取了错误的行动。

在这方面，汤淼也有过一次教训：由于同事们都了解到汤淼擅长沟通，很长一段时间内他们都试着说服汤淼把精力投入到广播节目里。然而汤淼都一直抵制这个建议。一直到了 20 世纪 90 年代中期，汤淼发觉人们很需要以成长为导向的节目。因此他们制作了一个名叫《今日成长》的广播节目。然而问题出现了，节目的模式有问题。汤淼希望通过把资料出售给听众来维持收支平衡甚至盈利，而不是像别的商业节目一样，只是依赖赞助维持。结果汤淼发现这是一项错误的决定，这一类的节目做不到。他们选对了时机，但想法和行动却错了。"机遇法则"再次显示它的威力。

4. 在正确时机采取正确行动，结果必然是成功

当正确的领导者配上正确的时机，令人振奋的结果就会出现。如果一个组织既实现了目标、收获了利润又获得了动势，那么成功就是必然的。回顾任何组织，你很容易就会发现：适当的领导者在正确的时机采取正确的行动是那么必要。

温斯顿·丘吉尔正是依靠运用"行动机遇法则"而最终成为了伟大领袖，他的人生生动地说明了领导者在正确的时机采取正确的行动的后果，以及相应的满足感。他说："每个人的生命中都会有那火花一闪的一刻，在这一刻他即将破茧而出。如果把握住了这个特别的时机，他就能将一生推向高峰，这使命乃是造物主单独为他而设定的。这时候的他明白了什么事伟大，而这也是他一生中最美的巅峰时刻。"没有领导者不渴望经历这一美妙时刻。

◆ 镜像法则

领导需要具备如此的能力：可以看到预测未来即将发生的局面，并制定应对的措施和方法，带领员工更好的往前走。

1. 把镜像变成现实

伟大的领导者似乎一直都表现出两种看起来截然不同的特质。他们很有深度但都非常实际。他们伟大的思想使他们看得更长远，他们可以预见将要发生的事，处理掉那些必须要做的事。

正如作家汉斯·芬左所说的："领导者也就是一个梦想家。你的水平越高，你的工作就越多是关于预见未来的事情。"

2. 领导者一定要很实际

他们清楚地应该知道没有付诸行动的想法是纸上谈兵。他们自己承担责任来带领下属们一起采取行动。这很艰难的，因为下属通常做不到领导者那样可以预见未来。他们也不理解什么对团队才是最有利的。他们没有统揽大局的观念。

3. 领导者都应该很有思想

他们需要做什么来缩小他们与下属之间在深度上的差距呢？许多领导者只是想交流一下愿景。这里请不要误解汤淼，沟通不可或缺。优秀的领导者必须要不断清楚而又很具创新地交流他们的愿景。领导者有效的沟通清晰了原来模糊的镜像。但仅仅这些还是不够的，更重要的是，领导者必须要把愿景变成现实。领导者通过有效地对愿景的示范把镜像变成了现实。

优秀的领导者对此十分了解，他们一直都在努力为下属们作好示范，下属们则向他们学习如何做事，只是有的人比领导者做得更好，有的人则不如他们。总体而言，领导者越出色，他的下属就做得越好。

这当然不是说领导者可以一个人扛起所有问题。所有领导过别人的人都了解最能产生影响的领导者通常是可以在充满不确定的情况下仍然能完美完成任务的人。

杰出的领导者、交流者安迪·史坦利曾经解决了这个问题。

几年前，在领导人催化剂作用研讨会上，他说：

"出现无法确定的情况并不表示领导水平弱。相反，这种情况反而表示对领导的需要。领导的天性要求一直都要有不确定的情况发生。如果我是一位优秀的领导，我就应该很明白知道我该做什么。责任意味着要处理越来越多的看不到的事情，以及更多复杂的不确定性。领导者可以处理五星的事情，但是他们不能让镜像不清晰。人们不会跟着他们走。"

困难出现的时候，由于不确定性增加，人人都开始很慌乱，这时下属们最需要从他们的领导者那里得到一幅清晰的镜像。他们需要看到一位运用"镜像法则"的领导者。生动清晰的镜像，为他们带来继续向前的能量、激情和动力。